JN434218

art therapy activities for kids

아동을 위한 미술치료 활동

ART THERAPY ACTIVITIES FOR KIDS
Copyright © 2022 by Rockridge Press, Emeryville, California
First Published in English by Rockridge Press, an imprint of Callisto Media, Inc.
All rights reserved.

Korean translation copyright © 2024 by KYOYOOKKWAHAKSA
Korean translation rights arranged with Callisto Media, Inc.
through EYA Co., Ltd

이 책의 한국어판 저작권은 EYA Co., Ltd를 통해
Callisto Media, Inc.과 독점 계약한
도서출판 교육과학사가 소유합니다.
저작권법에 의하여 한국 내에서 보호를 받는 저작물이므로
무단 전재 및 복재를 금합니다.

art therapy activities for kids

아동을 위한 미술치료 활동

긍정행동 강화, 사회성 및 감정 회복탄력성 향상을 위한
75가지 근거기반 미술 프로젝트

ERICA CURTIS(LMFT, ATR-BC) 저
김소울 김유미 공역

교육과학사

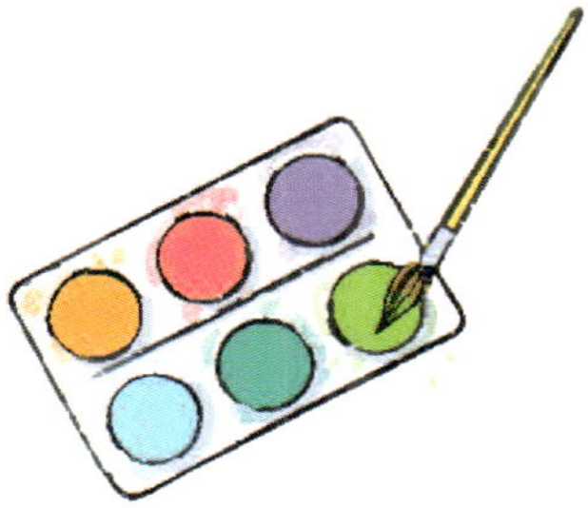

만 6세~9세 아이에게 권장합니다

역자의 말

미술치료 현장에서 오랜 시간 전문가로 일하면서 늘 아쉬운 점이 있었습니다. 치료 현장에서 만나는 내담자들이 어린 시절 조금 더 좋은 경험을 했더라면 지금과는 달랐겠다는 아쉬움입니다. 어린시절의 경험이 청소년기와 성인기의 모든 성격적 요소를 결정한다는 의견에 동의하지는 않지만, 오랜 시간 영향을 미친다는 것에 대해서는 고개를 끄덕일 수밖에 없기 때문입니다.

처음 이 도서 〈아동을 위한 미술치료 활동〉을 접했을 때에는 현장에서 사용하거나 부모상담 때 추천드릴 활동들에 대한 정보를 모으기 위한 참고도서 정도로 생각했습니다. 그런데 책을 읽어 나가면서 이 내용을 저와 만나는 소수의 부모뿐만 아니라 더 많은 사람들에게 소개해 주고 싶다는 생각이 확고해졌습니다. 이 책에는 기본적으로는 가정에서 아이의 다양한 측면을 성장시키기 위해 사용할 수 있는 활동이 수록되어 있지만 아동을 다루는 미술치료사나 놀이치료사, 그리고 교사들도 사용할 수 있는 좋은 프로그램들이 가득합니다. 글을 읽어 내려가면서 '미술치료실에서는 이런 방식으로 활용하면 좋겠다.'와 같은 다양한 시뮬레이션이 머릿속에 계속 떠오르면서 행복한 상상을 했습니다.

이 도서에서 성인이 개입하여 진행하거나 짝을 이루는 장면에서는 모두 '부모'라는 단어를 사용했습니다. 실제 원서에서는 보호자(caregiver)라는 단어를 사용했지만, 이 단어가 한국에서 범용적으로 사용되기에는 어색한 부분이 있어 통일하였습니다. 아이를 케어할 수 있는 다양한 상황에서 개입되는 성인을 총칭하기 위해 역자가 임의로 선택한 단어이니 이 책이 부모 이외의 사람에게는 적용되지 않을 것이라는 편견이 없었으면 합니다.

번역하는 과정에서 활동의 방식이나 단계에서 한국과 환경적인 차이가 있는 부분들은 상황에 맞게 수정하였습니다. 미국은 쉽게 마당에서 활동을 할 수 있으나, 아파트가 주가 되고 있는 한국의 주거형태에서는 야외를 나가는 것이 쉽지만은 않기 때문입니다. 또한 허락 없이 아이의 몸에 손을 대거나, 허락 없이 아이의 사진을 찍는 것에 대해 원서에서는 금지하고 있습니다. 그러나 이 부분은 문화의 차이를 반영하여 번역과정에서 삭제하였습니다. 마지막으로 우리에게 익숙지 않거나 쉽게 이해하기 어려운 설명은 추가로 도안을 그려 넣어 작업하였습니다.

〈아동을 위한 미술치료 활동〉은 아이가 주도적으로 자신의 감정을 표현하고, 갈등을 해결하는 지혜를 기르며, 대인관계에서 공감과 타협을 해 나갈 수 있는 성숙한 자아상을 가지도록 하는 75개의 프로그램으로 구성되어 있습니다. 이 활동을 아이와 하는 것이 성인의 입장에서는 다소 귀찮고 번거로운 과정이 될 수도 있지만, 하나 하나 활동을 해 나가면서 이 책을 참고하기 참 잘했다는 생각이 들 것이라 확신합니다. 항상 아이와 파트너십을 형성하고 동등하게 활동을 해 나가는 것을 잊지 말아 주세요. 우리가 어른의 시선을 조금만 거두어 주어도 아이가 자라나고 성장할 수 있는 가능성은 더욱 커져가니까요.

2024년 1월 대표 역자 김소울

들어가며

기억에 남는 내담자 중 파커라는 이름을 가진 여덟 살의 꼬마 아이가 있었습니다. 파커는 다른 친구들을 자주 때렸고, 이로 인해 미술치료실에 오게 되었죠. 미술치료를 진행하는 동안 파커는 화난 야옹이(Mad Kitty)라는 이름을 가진 고양이를 그렸습니다. 그리고 화난 야옹이가 가지고 있는 친구관계에 대한 문제와 상처받은 마음에 대한 이야기를 중심으로 스토리텔링을 해나갔습니다. 저는 파커에게 화난 야옹이를 달래 줄 수 있는 캐릭터를 그려보자고 제안을 했고, 이때 파커가 그린 것이 슈퍼 다람쥐였습니다.

이것은 파커와 저의 첫 만남이었지만, 그 이후 파커는 친구를 때리지 않았습니다.

누군가의, 혹은 나의 감정과 행동을 이해하는 것은 어려운 일일 수 있습니다. 특히나 화가 나면 더욱 접근하기가 어렵죠. 단어 다루기를 좋아하는 뇌 부분은 힘을 잃어버리고, 문제 해결과 학습에 관련된 부분도 혼란스러워집니다. 이때가 바로 미술이 힘을 발휘할 수 있는 영역입니다. 미술활동을 하는 것은 언어를 활용한 대화를 통해 쉽게 도달할 수 없는, 눈에 보이지 않는 '마음'이라는 영역에 접근하는 방법이기 때문입니다.

치료가 끝나갈 무렵, 파커의 그림이 변화되었습니다. 슈퍼 다람쥐의 도움으로 화난 야옹이는 친구들을 이해할 수 있었고, 문제를 전보다 지혜롭게 해결해 나가기 시작했습니다. 화난 야옹이는 더 이상 화난 상태가 아니었습니다. 파커는 다 알고 있다는 듯 씨익 웃으며 "야옹이는 사실 저예요."라고 말해 주었습니다.

이 책은 미술치료사, 강연가 및 상담사로 20년 이상 일한 저의 경험을 바탕으로 쓰여졌습니다. 또한 엄마로서 저의 개인적인 경험에서도 많은 영감을 받았습니다. 저는 아이들에게 최선을 다해서 이야기하고 경청해도 이것이 늘 효과적이지는 않다는 것을 직접 경험했습니다. 이것이 제가 가정에서 아이들과 대화하기 위해 미술치료적 접근을 사용하기로 결심한 이유입니다.

미술치료에서는 자기 스스로, 그리고 자신과 관련된 타인에 대해 더 긍정적 느낌을 가지도록 돕기 위해 미술이라는 매체를 사용합니다. 미술치료는 이러한 과정들을 심리학(마음, 감정, 행동의 연구)과 미술을 섞고 주물러서 하나의 새로운 영역으로 만들어 낸 것입니다. 특히 미술이 한 사람의 고유한 생각, 감정 및 행동에 접근하는 독특한 방식에 대한 지식은 미술치료에서 중요한 자료로 사용되고 있습니다.

미술치료의 이론과 실제에서 활용된 미술의 힘을 최대한 활용하면, 미술치료 활동은 아이들의 사회적 기술과 정서적 기술들을 향상시킬 수 있습니다. 또한 아이들이 말다툼을 하거나 말문이 막힐 때, 언어가 아닌 미술적 활동을 통해 창의적으로 개입할 수도 있습니다.

이 책 안에는 갈등을 빠르기 해결하는 데 도움이 되고, 또래 관계에서의 문제점들을 회복하고, 아이들이 가지고 있는 강점들을 부각시키며, 아이들이 살아가며 마주하는 문제들에 대한 문제 해결 능력을 향상시키는 활동들이 수록되어 있습니다. 함께 하면서 여러분과 아이들은 함께 예술을 활용하여 감정적 인식을 높이고, 걱정을 달래고, 사고를 체계화하고, 전이를 완화하는 방법을 배울 수 있습니다.

아이들과 함께 높은 사회정서적 가치를 지닌 즐거운 주말의 활동을 원하는 분, 혹은 아이들의 갈등 해소 전략이 필요한 분들 모두에게 이 책을 추천합니다.

이 책의 사용법

이 책은 6세부터 9세의 아이와 부모를 대상으로 한 75개의 미술치료 활동을 수록하고 있습니다. 아이들과 함께 책을 읽고 활동하는 것을 추천합니다.

각각의 챕터는 그림, 춤, 이야기 등과 같은 예술 형식으로 구성되어 있습니다. 무엇부터 시작하는 것이 좋을까요? 순서는 정해져 있지 않습니다. 여러분이 원하는 순서에 따라 활동을 즐기면 됩니다.

이 책에서 사용하는 재료들은 비싸거나 거창한 재료가 아닙니다. 아마 이미 집에 가지고 있는 것이 대부분일 것입니다. 종이나 펜과 같은 사무용품은 대부분의 집에 있고, 환경에 따라 다양한 재활용품이 있을 수 있습니다. 음악을 재생하기 위한 디바이스는 스마트폰이나 노트북 등으로 사용할 수 있고요. 도화지와 색지, 물감, 부드러운 점토와 같은 것들을 구입해야 할 수도 있습니다. 그러나 책에서 설명하는 재료와 똑같은 재료를 반드시 사용할 필요도 없으며, 비슷한 재료를 가지고 있다면 대체할 수 있는 재료를 사용하시면 됩니다. 재료는 아이들이 프로그램에 참여할 때 쉽게 접근할 수 있는 곳에 보관해 두고, 언제든지 활동에 참여할 수 있도록 해 주세요. 일부 어떤 활동들은 사회 정서적으로 풍부한 재미를 위해 고안되었지만, 다른 활동은 과잉된 행동을 진정시키기 위해 재빨리 사용해야 할 수도 있습니다. 따라서 재료는 가까이 두고 사용할 수 있는 것이 중요합니다. 다만, 아이들이 먹거나 삼킬 수 있는 상황에서는 부모가 함께 있을 때에만 재료에 접근할 수 있도록 보관해 주셔야 합니다.

이 책에 수록된 활동 중 일부는 가위나 풀이 필요합니다. 아직 어린 친구들에게는 어린이용 플라스틱 안전가위를 준비해야 하며, 금속 가위를 사용할 때는 부모의 감독 아래에서만 사용해야 함을 기억해 주세요. 풀을 사용하는 활동을 할 경우에는 풀 뚜껑을 잘 보관하고 사용 후 꼭 닫아 주세요.

각 챕터에는 근거기반의 15개의 사회 · 정서적 증진 활동이 포함되어 있습니다. 여러분은 오늘 어떤 기술을 배우고 싶나요? 어떤 부분을 함께 성장시켜 나갈 예정인가요?

새로운 활동을 돌아가면서 시도할 수도 있고, 긴급한 상황에서 사용할 수 있는 몇 가지 활동을 숙달하여 필요할 때 활용할 수도 있습니다. 선택은 여러분의 몫입니다. 각각의 챕터에는 간단한 재료 목록, 단계별 지침 및 유용한 팁이 모두 포함되어 있습니다. 아이들과 함께 의미 있는 대화를 심화시키기 위한 '이렇게 질문할 수 있습니다.'도 찾아 보세요. 이 질문들을 그대로 활용해도 좋지만, 아이와 상황에 맞추어 변형시켜 활용할 수 있다면 더 좋습니다. 처음에는 기존의 질문을 그대로 활용하고, 시간이 지남에 따라 새롭게 추가하고 변형해 보세요.

이 책에 수록된 미술치료 활동은 자격을 갖춘 미술치료사가 제공하는 것과 같은 치료적 효과를 기대할 수는 없습니다. 그러나 이 책의 활동을 통해 아이들은 사회정서적 성장과 치유를 경험할 수 있을 것이며, 가볍게는 이 책에 수록된 활동을 통해 가족과 함께 보내는 시간의 질을 향상시키기 위해 사용할 수도 있습니다. 기억해 주세요. 미술치료 활동에 참여하기 위해서는 특별히 그림을 그리기 위한 훈련이 필요하지 않으며, 예술적인 유전자를 물려받은 재능이 필요하지도 않습니다.

차례 Contents

역자의 말 7

들어가며 9

이 책의 사용법 11

Chapter 1. 그리기와 칠하기 15

Chapter 2. 만들기와 꾸미기 53

Chapter 3. 자르기와 붙이기 91

Chapter 4. 춤추기와 음악만들기 127

Chapter 5. 연기하기와 스토리텔링 161

추가 자료 195

참고문헌 196

찾아보기 201

Chapter 1. 그리기와 칠하기

4분 정도 그림을 그리는 것이 스트레스 감소에 도움이 된다는 사실을 알고 있나요? 스트레스가 감소되는 것은 단지 그림을 그리는 것이 즐겁기 때문만은 아닙니다. 미술치료 전문가들은 예술을 창작할 때 우리 몸이 스트레스 관련 화학물질인 코르티솔을 줄여준다는 것을 발견했습니다. 그림을 그리는 것, 색을 칠하는 작업을 하는 것은 우리의 몸과 마음을 진정시키는 작용을 합니다. 이를 통해 행복, 자부심 및 공감과도 같은 긍정적인 감정이 증진되는 거죠. 그림을 그리는 것은 마치 "좋아, 괜찮아! 우리는 지금 긴장을 풀고 즐기고 있어!"라고 뇌에 특별한 메시지를 보내는 것과도 같습니다.

이 챕터에서 아이들은 그림을 그리고 색을 칠하는 과정을 통해 스트레스가 줄어들고 행복한 감정이 더 커지는 미술의 힘을 느낄 것입니다. 이것뿐만이 아닙니다. 그리고 칠하는 작업을 통해 긴장을 풀고, 갈등을 해결하고, 내면의 힘을 기르며, 감정 속에 숨겨진 비밀 메시지를 발견하는 활동들도 기다리고 있습니다. 이러한 활동은 언제든지 사용할 수 있는 활동이지만, 특정 가족구성원의 필요에 따라서 특히 유용하게 활용될 수 있는 활동들도 포함되어 있습니다. 빠르게 어떤 주제에 관련된 논쟁을 해결하려고 할 때가 될 수도 있고, 학교에서 일어난 어떤 걱정거리에 대해 표현하고 걱정을 덜어주는 것과 같은 중요한 사건에 관련된 것을 다뤄야 할 때가 될 수도 있습니다. 처음부터 차근차근 하나씩 시작해도 괜찮고, 지금 당장 필요해 보이는 활동으로 넘어가서 이동할 수도 있습니다.

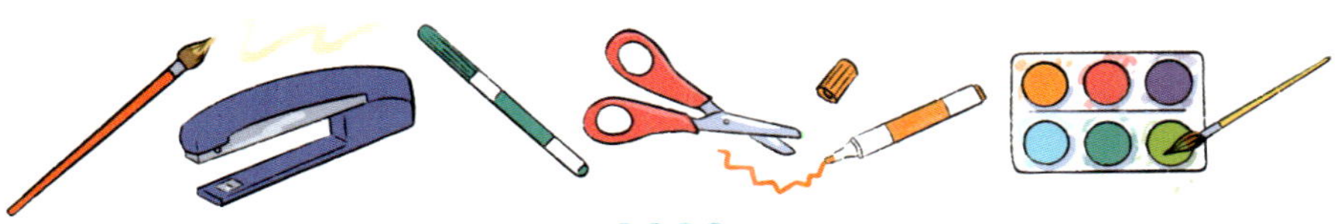

난화야 놀자 De-Stress Scribble Unscramble

소요시간 5분

아이가 부정적인 감정을 강하게 느끼고 있는 것처럼 보이거나 기분이 좋지 않은 것처럼 보일 때가 있습니다. 아이는 자신이 왜 스트레스를 받고 있는지 알지 못할 때도 있지만, 무엇 때문에 왜 스트레스가 일어나는지에 대해 구체적으로 알고 있을 때도 있습니다. 아이를 미술의 공간으로 초대하여 지금 아이가 느끼고 있는 감정들을 그림으로 표현하도록 해 주세요. 감정을 그린다는 것은 어떤 대상을 똑같이 그리는 것이 아니라, 아이가 느끼는 대로 자유롭게 그릴 수 있음에 대해서도 설명해 주세요. 그림을 그리는 과정은 몸을 의도적으로 긴장시키기도 하고 이완시키기도 하기에, 아이가 가지고 있는 신체적 스트레스를 해소시키는 데에 도움이 됩니다.

정신건강의학과에서 진행하는 스트레스 케어 프로그램 중 '점진적 근육 이완법'이라는 요법이 있습니다. 환자들에게 주먹을 쥐고 일부러 긴장을 올린 후 힘을 빼는 작업을 반복시킵니다. 팔, 어깨, 머리, 등, 다리, 발… 신체의 부위별로 힘을 주었다가 빼는 작업을 반복하면 이 활동을 하기 전보다 더 긴장이 완화되는 경험을 하게 됩니다. 그림을 통한 긴장감의 부여와 완화도 마찬가지입니다.

그림을 모두 그린 후, 아이들에게 난화에서 발견되는 새로운 그림들을 찾도록 해 주세요. 어떤 형상으로부터 발견된 무언가를 난화 위에 그리고 새롭게 찾은 그림들을 구체적으로 그리도록 해도 좋습니다. 그림은 계속해서 새로운 무언가로 변화할 것입니다. 복잡한 그림 속에서 새로운 무언가를 풀어나가는 것은 아이들을 진정시키고, 충동적이고 어디로 튈지 모르던 생각들을 잠시 천천히 흐르도록 만들며, 차분해진 뇌는 문제 해결 능력이 상승됩니다. 이를 통해 아이들은 자신이 느끼는 감정들을 스스로 바꿀 수 있고, 생각을 바꿀 수도 있다는 자신감이 생기게 됩니다.

재료: 도화지(꼭 도화지가 아니어도 어떠한 종이든 가능함), 기본 드로잉 재료(색연필, 마커, 크레파스 또는 물감)

1. 아이가 도화지에 자신의 감정을 자유롭게 난화로 표현하도록 해 주세요. 드로잉 재료 중 마음에 드는 것을 손에 쥐고 도화지 한쪽 끝에서 시작하여 그림 그리기가 끝날 때까지 떼지 않고 그리는 방법입니다. 어린 아이들의 경우 자신이 느끼는 감정이 커다랗다면 감정을 커다랗게 마음껏 표현해도 된다고 설명해 주세요. 다만 표현은 종이 안에서만 해야 한다는 것도 반복해서 말해 주세요.
2. 아이가 난화작업을 모두 끝마쳤다고 이야기하면, 이제 아이들에게 우리의 창의적인 두뇌를 사용하여 엄청나게 섞여 있는 난화 속 비밀을 풀 것이라고 설명해 주세요.
3. 아이가 난화 속에서 어떤 그림이나 패턴 또는 도양을 찾아내도록 이끌어 주세요. 이 과정은 마치 뭉개 구름 속에서 그림을 찾는 것과도 같습니다. 아이 곁에서 계속 "어떤 게 보여? 또 뭐가 있을까?"라고 물어 보세요. 아이가 쉽게 찾을 수 없다면 부모가 한두 개를 먼저 찾는 모습을 보여 주며 방법을 알려 주는 것도 좋습니다.
4. 아이에게 더 추가하고 싶은 그림을 그리게 할 수도 있고, 더 세밀하게 묘사하고 싶은 부분을 그리거나 추가적인 색을 칠하도록 할 수 있습니다. 자유롭게 아이가 그림에 생동감을 불어넣도록 합니다.
5. 만약 아이들이 난화 속에서 그림을 전혀 발견하지 못한다 하더라도 괜찮습니

다. 대신 색깔이나 패턴으로 난화를 그린 선 사이 사이에 모양을 채울 수 있습니다.

6. 아이가 찾은 것, 만든 것, 새로 그리고 추가한 것에 대해 이야기를 해 달라고 합니다. 그리고 이 그림 전체를 설명할 수 있는 제목을 짓도록 해 주세요.

TIP

아이들은 감정을 표현하고 조절하는 기술의 균형을 배워야 합니다. 키가 자라고 몸이 자라나는 것처럼 감정도 저절로 자랄 것이라 생각할 수 있지만, 감정도 학습과 연습이 필요하거든요. 작업을 할 때 아이에게 다양한 크기의 종이를 제공해 줄 수 있다면 여러 개를 주고 선택하도록 하는 것도 좋습니다. 종이가 클수록 아이들은 더 큰 표현을 하도록 촉진될 수 있습니다. 종이 크기가 작을수록 아이가 자신의 통제하에 작업을 제어하기에 더 편하게 느낍니다.

감정 합성하기 Emoji Mash-Up

소요시간 20분

아이가 '웃픈' 감정을 느낄 때를 관찰해 본 적이 있나요? '웃기다'와 '슬프다'가 동시에 느껴지는 감정입니다. 예를 들어 누가 아이를 놀렸는데, 그 단어 자체는 웃길 수 있습니다. 그런데 놀리는 단어니까 기분이 썩 좋지 않을 수도 있죠. 이렇게 두 가지 감정이 동시에 발생할 때 사용합니다. 영어에도 이런 단어들이 있습니다. 슬픔(sad)과 분노(mad)가 동시에 느껴지는 감정을 'smad'(화슬픔)라고 이야기하고, 두려움(Scared)과 기쁨(happy)을 동시에 느끼는 것을 'scarppy'(수줍기쁨)이라는 단어로 말합니다. 사실 대부분의 사람들은 두 개 이상의 감정을 동시에 느끼곤 합니다. 그런데 어떨 때에는 함께 느껴지는 감정이 서로 반대인 것처럼 느껴지니 혼란스럽기도 합니다. 아이들은 때론 좋으면서도 싫다고 표현하기도 하죠. 이 활동에서는 자신의 감정을 다양하게 조합하여 감정들이 어떻게 조화롭게 공존할 수 있는지를 확인하고 경험하는 시간을 가질 것입니다. 아이들이 단어를 만들 때 쑥스러워 할 수도 있고, 정말 엉뚱한 단어가 만들어질 수도 있어요. 다 함께 크게 웃고 즐겁게 참여하며 감정 단어를 발견할 수 있도록 도와주세요.

재료: 도화지, 기본 드로잉 도구(색연필, 마커, 크레파스), 이모지(emoji) 차트를 볼 수 있는 전자 디바이스

1. 이모지는 여러 가지 감정을 간단한 표정으로 도식화 하여 나타낸 그림입니다. 감정을 다루기에 앞서 아이가 감정에 대한 힌트와 영감을 얻을 수 있도록 이모지 리스트를 보여 주세요. '이모지'라고 온라인에서 검색하거나 스마트폰의 글씨입력 칸에서 이모지 메뉴를 열 수도 있습니다. 이 책에는 간단한 이모지를 수록하였으나, 온라인 상에서 더 다양한 이모지를 만나볼 수 있습니다.
2. 사람은 한꺼번에 여러 가지 감정을 느낄 수 있다는 것을 아이에게 설명해 주세요. 이모지 목록을 가리키며 두 가지, 세 가지 또는 네 가지 감정을 동시에 느꼈던 경험을 예를 들어 설명해 줄 수 있습니다. 아빠에게 서프라이즈 선물을 받았을 때, 기쁘면서도, 놀랄 수 있고, 동생이랑 싸우다 아빠한테 혼났을 때에는 슬프고, 미안하고, 억울한 여러 감정이 함께 느껴질 수 있는 것처럼요. 아이가 자신의 상황에 맞춰 여러 이모지를 선택하고 상황을 설명하도록 도와주세요.
3. 아이에게 도화지와 색채 도구를 주고, 원형을 그리도록 해 주세요. 여러 감

정들을 합쳐 표현하기 위해 하나의 원이 아닌 여러 개의 원을 그리는 것이 좋습니다.

4. 두 개, 혹은 그 이상의 이모지로부터 이미지의 세부사항들을 가져와서 새로운 이모지를 만들 수 있도록 합니다. 예를 들어, 기쁘면서도 놀라는 감정은 어떤 이모지에서 눈, 코, 입, 그리고 기타 상징들을 가져와 표현할 수 있을까요? 기존 이모지의 모습을 그대로 부분 부분 합쳐도 좋고, 아이가 새롭게 모양을 만들어 넣어도 좋습니다.
5. 두 개 이상의 감정이 합쳐진 새로운 이모지에게 어떤 새로운 이름을 붙여주면 좋을지 아이와 상의해 주세요. 각 이모지의 특징에 기반한 감정 단어를 결합하여 '놀랍다 + 기쁘다 = 놀쁘다'와 같은 새로운 이름을 만들어 보세요.

TIP

감정적으로 예민한 아이는 감정 이모지 활동에 참여하려 하지 않을 수 있습니다. 이 때에는 아이에게 샘플에서 고르게 하지 말고, 자신이 느끼는 감정을 활용하여 자화상이나 인물의 얼굴 등을 그려내는 활동을 하도록 할 수 있습니다. 샘플을 보여주는 것은 호기심을 자극하고 생각을 다르게 전환할 수 있도록 도움을 주기 위해서이지, 반드시 필요한 사항은 아닙니다.

우리 가족 그림 릴레이 Family Draw

소요시간 20분

누군가와 함께 그림을 그리는 것은 단순히 함께하는 시간을 즐기는 것 그 이상의 의미를 가지고 있습니다. 함께 팀을 이루어 진행하는 창의적 활동은 사회적 역량과 감정적 자원을 풍부하게 만들어주기 때문입니다. 우리 가족 그림 릴레이는 미술치료 현장에서 자주 사용되는 프로그램입니다. 일반적으로 가족 구성원 전체에게 그림을 그리게 한 후, 어떻게 그리는 과정에서 어떻게 협력하고 서로 의사소통을 하는지 등을 관찰하며 가족 역동을 긍정적으로 개선하기 위한 도구로 사용되고 있습니다.

가족화 그리기를 하면서 가족 구성원들 사이에서 벌어지는 문제를 해결하고, 가족 구성원 간의 협력 능력을 향상시키기 위해 다양한 미술치료 활동을 해 볼 수 있습니다. 한 명씩 순서대로 말하게 할 수 있고, 말하는 과정에서 다른 가족들은 주의를 기울여 경청하도록 합니다. 나와 내 가족의 생각의 다름에 대해 유연하게 사고하고, 서로 다른 의견을 건강하게 타협하는 것, 감정적으로 폭발하지 않고 자신의 차례를 기다리는 자제력 기르기 등이 여기에 포함됩니다.

재료: 큰 종이 한 장, 드로잉 재료

1. 먼저, 가족 구성원 모두가 한 장의 종이 주위에 모일 수 있도록 해 주세요.
2. 다음의 규칙을 제시하며 디렉션을 제공합니다.
   - 모두 함께 그리면서 예상치 못한 그림을 만들 것입니다.
   - 자신의 차례가 왔을 때 최소 1개에서 최대 3개의 어떤 형태를 그리거나 무언

가를 묘사해야 합니다. 그리고 종이를 다음 사람에게 전달합니다.

- 언어로 대화하는 것은 금지입니다. 서로 상의하지 말고, 미리 계획 세우지 말고 자신의 차례가 왔을 때 자유롭게 그려 주세요.

3. 규칙에 대한 설명이 끝났다면 규칙을 잘 이해하고 있는지 확인하고, 활동 방법에 대해 궁금한 점이 있는지 묻고 이해되지 않은 부분이 있다면 다시 명확하게 설명해 주세요.
4. 가족 구성원 중 한 명을 지정하여 그 사람으로부터 시작하도록 합니다. 종이를 넘기기 전에 최소 1개에서 최대 3개의 무언가를 반드시 그려야 한다는 것을 다시 강조해 주세요. 어떤 형태를 그려도, 어떤 색상을 사용해도 괜찮습니다.
5. 종이를 계속해서 전달하여 모든 가족 구성원이 그림을 그릴 수 있도록 해 주세요. 한명씩 그림이 추가될 때마다 사람, 동물, 풍경, 건물, 괴물, 또는 완전히 다른 것으로 바뀌어 나갈 것입니다.
6. 가족이 한 바퀴 돌았다 하더라도 모두가 그림이 완성되었다고 합의할 때까지 멈추지 말고 계속 순서에 따라 그림을 그리도록 해 주세요.
7. 그림 그리기가 끝났다면, 이제 그림의 제목을 가족들이 상의하여 함께 정하도록 합니다.

TIP

가족에 따라서 규칙은 달라질 수 있습니다. '다른 사람의 그림에는 낙서하지 않기.'와 같은 규칙을 정할 수 있고, 각 모서리에 대각선을 그어 '아무도 그리지 않는 구역'을 정할 수도 있으며, 한 사람에게 하나의 색만을 부여하여 누가 그린 것인지를 명확하게 보이게 할 수도 있습니다. 이 활동은 또래 친구 그룹 내에서도 진행이 가능합니다.

나 잡아봐~라! Marker Chase!

소요시간 5분

세상은 혼자 사는 곳이 아닙니다. 그러니 나의 움직임뿐만 아니라 다른 사람의 움직임을 잘 보고, 함께 발맞추는 것은 다른 사람과의 관계에서 아주 중요한 요소입니다. 한 사람이 한 사람의 모습을 거울처럼 따라 하는 미러링 기법은 미술치료에서 자주 사용되고 있습니다. 미러링 기법은 둘 사이에 빠르게 신뢰 관계를 구축하는 데 아주 좋은 활동이거든요. 한 실험에서, 소개팅을 나간 사람에게 상대방의 몸짓을 따라 하도록 한 적이 있었어요. 찻잔을 들면 같이 들고, 웃으면 같이 웃고, 박수를 치면 같이 박수를 치는 것처럼요. 그렇게 실험에 임했던 사람들은 상대방에 대한 호감도가 상승했다는 결과가 있었습니다. 부모가 아이를 거울처럼 따라 하고 있으면, 아이는 자신이 그 사실을 깨닫지 못하더라도 무언가 더 부모에게 도움이 되려고 노력할 수도 있습니다.

마커 추격은 '나 잡아 봐~라!'는 서로 강한 유대관계를 유지해야 하는 부모와 자녀 사이에 빠르고 강한 연결고리를 만들어 줄 것입니다. 육아와 일을 병행해야 하는 바쁜 부모님들은 아이의 함께 보낼 시간이 많지 않죠. 이럴 때 이 프로그램은 빠르게 아이와 부모와의 관계를 가깝게 만들어 줄 것입니다.

재료: 두 가지 다른 색의 마커(크레파스 또는 색연필도 가능), 그릴 수 있는 종이

1. 아이에게 컬러 마커 중에서 원하는 색을 선택하도록 해 주세요. 부모가 먼저 색을 고른 후, 아이가 다른 색을 선택하도록 할 수 있고, 아이가 자신과 가족 둘

을 위한 색을 모두 고르도록 할 수도 있습니다.

2. 다음을 설명해 설명해 주세요.
"네가 원하는 대로 마커를 용지 위에서 움직이면, 내가 네 뒤를 따라서 그림을 그려 나갈께."
3. 아이가 먼저 그리는 리더가 되고, 아이가 "나 잡아 봐~라"라고 외치고 선을 그리기 시작하면 부모는 이 선을 따라서 마커를 움직입니다. 아이가 멈추면, 뒤따르는 마커도 같이 멈춥니다. 아이가 한바퀴를 돌면, 따라가는 마커도 한바퀴를 돕니다. 아이가 빠르게 움직이면, 당연히 뒤따르는 마커도 아주 빠르게 따라가야겠죠.
4. 각 라운드는 30초에서 1분 정도 소요됩니다. 여러 라운드를 진행하면서 역할을 바꿔갈 수도 있어요. 이번에는 부모가 "나 잡아 봐~라"라고 외치면서 시작하면 아이가 그 뒤를 따라갈 수 있습니다. 더 빨리 움직이거나 더 느리게 움직이면서 서로 따라오는 것을 더 어렵게 만들 수도 있습니다.
5. 활동이 모두 끝난 후 마커를 따라가는 것이 어떤 부분에서 어려웠는지, 서로가 서로에게 얼마나 잘 집중하며 따라갔는지에 대해 함께 이야기해 보세요.

TIP

만약 함께 참여하는 부모가 지금 당장 집안 일을 해야 하거나 회사에서 집에 가져온 일을 해야 하는 상황이라면, 방금 끝마친 작업에 그려진 꼬인 선들 안에서 새로운 그림을 찾도록 해 주세요(앞선 난화 작업처럼). 아이에게 잠시 다른 일을 하고 올 동안 최대한 많은 모양들을 찾아서 깜짝 놀래켜 달라고 말을 해 보세요. 그림을 통해 더 재미있고 끈끈한 연결고리들이 만들어 질 것입니다.

생각과 감정을 담아요 Doodle Dump[1]

소요시간 20분

매일 우리는 너무나 많은 생각을 하고 너무나 많은 감정을 느낍니다. 그래서 때로는 우리의 머리와 마음이 너무 혼란스러워서 '쉬는 것도 힘들다'고 느껴지기도 하죠. 또한, 이 많은 생각과 감정들 때문에 무언가에 집중하지 못하거나, 즐거워해야 하는 순간에 정작 즐기지 못하고 있다고 깨달을 때가 있습니다. 생각과 감정을 종이 위에 쏟아내는 작업은 불안한 감정을 해소시키고, 창의적 활동에 몰입하게 해 주기에 활동이 끝난 후 머릿속이 정리되고 비워진 느낌이 들 것입니다. 밤에 작업한다면 활동이 끝난 다음에 푹 잠에 들 수도 있을 것입니다. 이 활동은 아이가 무엇을 필요하는가에 따라 맞춤형으로 수정하여 사용할 수 있습니다. 아이들은 감정을 분출하면서 높은 에너지 수준을 보일 수도 있고, 나중에 다시 꺼내 쓸 생각으로 차분하게 생각을 정리하는 모습을 보일 수도 있습니다.

재료: 도화지 또는 스케치북, 기본 펜 또는 연필, 색연필(선택 사항)

1. 아이에게 종이나 스케치북을 주면서 "물감이나 물이 그릇에 담기는 것처럼, 너의 생각과 감정을 이제부터 이 종이에 담을거야."라고 설명해 주세요. 이제 생각과 감정을 담는 그릇에 아이의 새로운 생각이나 감정, 그리고 경험에 대해서 마구 쏟아내도록 해 주세요.

1 역자: 스트레스 해소와 창의성을 촉진하는 쉬운 드로잉 연습으로 이 활동은 사고를 정리하고 불안을 해소하는데 도움이 되며, 자유롭고 창의적인 아이디어를 시도하고 실패를 해도 괜찮다는 것을 배울 수 있는 활동입니다.

2. 아이에게 선택권을 줄 수도 있습니다. 생각만, 혹은 감정만 쏟아낼 수도 있고, 생각과 감정 또는 둘 다를 쏟아낼 수도 있습니다. 어떻게 하고 싶은지 아이에게 물어 보세요. 만약 생각을 쏟아낸다고 한다면, 종이에 타원형의 윤곽선을 그린 후 "이건 생각을 담는 뇌야. 이 안에 네 생각들을 채워줘."라고 이야기할 수 있고, 감정을 쏟아내고 싶다면 종이에 하트 외곽선을 그린 후 "이것은 감정을 담는 심장이야. 이 안에 감정들을 채워줘."라고 이야기할 수 있습니다.
3. 쏟아내고 싶은 것을 자유롭게 표현하도록 해 주세요. 낙서 같은 단어, 어떤 모양, 구불구불한 선, 특정 이미지 등 자유롭게 그리도록 해 주세요. 무엇을 그려도 상관없고, 잘 그릴 필요도 없으며, 여기에서는 정답도 없고 틀린 것도 없다는 것을 강조해 주세요.
4. 진행하지 못하고 막혀서 어려워하는 것처럼 보이면, 그냥 머릿속이나 마음이 얼마나 복잡한지 단순하게 선으로 낙서하는 것부터 시작할 수 있다고 설명해 주세요.
5. 그림 그리기가 끝나고 나면, 어떤 아이는 부모와 공유하고 싶어할 수도 있고, 어떤 아이는 자신의 소중한 생각과 감정을 혼자 간직하고 싶어할 수도 있습니다.

TIP

아이에게 생각과 감정을 담은 그림을 스케치북이나 폴더에 넣으라고 제안할 수도 있습니다. 그림을 물리적으로 어딘가에 보관하고 넣는 것은 생각과 감정을 시각적으로 표현하며 발견한 크고 부담스러운 생각과 느낌으로부터 정서적인 거리를 두는 데에 도움이 됩니다.

내게도 축하가 필요해 Celebration Art

소요시간 15분

우리는 아침에 눈을 뜨면서부터 자기 전까지 무언가를 꾸준하게 이루어 냅니다. 인생 전체로 생각해 보면 어떨까요? 태어난 순간부터 지금까지, 우리가 성취한 것들은 정말 많습니다. 그러나 우린 1등을 했다거나, 상을 받는다던가 무언가 대단한 것을 했을 때에서야 그 성과를 인정하는 경향이 있어요. 일상에서 성취한 작은 성공을 축하하는 것은 큰 성과를 인정하는 것 만큼 중요합니다. 이러한 과정을 통해 우리는 목표 달성뿐만이 아니라 과정도 중요하며, 우리가 이루어내는 일상적인 삶의 작은 성취들에 어떻게 접근하는지에 대해 배울 수 있습니다. 아이가 자신의 성취에 관련된 중요한 기술들을 습득하고 있다는 것을 알게 되면, 아이의 자신감과 동기가 함께 상승하는 것도 경험할 수 있습니다. 이 활동을 하는 과정에서는 단순히 "잘 했어"라는 말로 어떤 성취를 칭찬하기 보다는 아이가 의미 있는 발전과 함께 성장하는 것을 구체적으로 축하할 수 있도록 도와주세요.

재료: 도화지(어떤 종류의 종이든 가능), 그리기 도구(색연필, 마커, 크레파스 등)

1. 아이에게 종이와 그리기 도구를 준 후, 종이 중앙에 아이의 이름을 원하는 방식대로 적고 꾸밀 수 있도록 알려 주세요.
2. 아이가 그린 이름 주변을 다양한 도형으로 채우도록 해 주세요. 동그라미, 네모, 하트, 풍선 등 여러 가지 모양을 그릴 수 있어요. 가능하면 가득 채우도록 해 주세요. 모양들 안에는 단어들을 적을 것이기 때문에 글씨를 적을 수 있을

정도의 크기로 그려야 한다는 것에 대해서도 알려 주세요.

3. 아이에게 “오늘 네가 잘한 것을 찾아보자. 어떤 게 있을까? 너의 주변 사람들, 예를 들어 친구나 부모님, 선생님, 형제/자매에게 물어본다면 네 덕분에 어떤 도움을 받았고 어떤 것이 좋았다고 대답할까?”와 같이 질문해 주세요. 아이들은 “수업 시간에 손을 들고 질문했어요” 또는 “제가 같이 놀아줘서 좋았대요”와 같은 답을 할 수 있습니다. 각 도형 아래에 하나의 답변을 작성합니다.
4. 다음으로, “네 안에는 장점이 정말 많지. 어떤 장점이 그걸 하게 만들었을까?” 라고 질문해 주세요. 예를 들어 다음과 같은 단어가 대답으로 사용될 수 있습니다: 남을 잘 돕는, 융통성 있는, 사려 깊은, 독립적인, 상상력이 풍부한, 재미있는, 놀이를 잘하는, 노력하는 등(어린 아이의 경우 단어에 대한 설명들이 필요할 수도 있고, 여러 단어들을 함께 보면서 고를 수도 있음).
5. 아이가 3번째 단계에서 도형들 아래에 적은 잘한 것에 대한 장점을 각 도형들 안에 적도록 해 주세요. 필요할 경우에는 어떤 장점이 도움이 되었는지를 함께 이야기하며 도와주어도 좋습니다.

TIP

아이가 유치원이나 초등학교에 진학할 때, 친구들을 사귀거나 일상적인 다른 일에 어려움을 겪을 때, 내게도 축하가 필요해 프로그램을 꺼내 보세요. 아이와 함께 어떤 대인관계 기술들이 필요한지와 아이의 장점들을 검토하고, 상황에 도움이 될 수 있는 것들을 스스로 찾도록 도와주세요.

한방에 따라 그리기 Tree tracings

소요시간 20분

주변 환경을 더 많이 관찰할수록 생각이 더 차분해진다고 합니다. 주변을 관찰하는 활동은 아이들의 걱정을 줄여 주고, 방황하는 마음을 멈추게 해 주거나, 마음의 부담감을 줄이는 데에 유용합니다. 아이와 함께 주변 사물을 바라보며 생각을 정돈하면서 관찰하는 능력을 높이는 활동을 해 보세요. 자연을 관찰하는 것이 얼마나 좋은지에 대해서는 이견이 없다는 걸 기억해 주세요. 매주 자연을 심도있게 관찰하는 것은 스트레스를 줄여 주고 정신을 건강하게 해 주고 자존감을 높일 수 있습니다.

재료: 도화지 또는 스케치북, 연필, 책받침이나 대체할 수 있는 무언가(클립보드, 골판지, 또는 하드커버로 된 책)

1. 집 근처에 나무나 식물과 같은 자연이 있는 곳을 함께 나가 아이가 자연에 집중할 수 있도록 해 주세요. 야외에 나가는 것이 어렵다면 창문을 통해 자연을 관찰할 수도 있고 실내에서 자연을 찾아볼 수도 있습니다. 이 작업은 부모가 함께 작업하는 짝 작업입니다.
2. 아이에게 관찰할 나무, 식물 또는 다른 자연물을 선택하도록 한 다음 집중하여 그리도록 안내해 주세요.
3. 선택한 자연물의 외곽 형태를 먼저 그립니다. 이 때 손을 떼지 말고 하나의 선으로 형태를 모두 그리는 것이 규칙입니다.

4. 그림을 그리는 동안에 아이에게 대상에 계속 시선을 고정해 달라고 요청하고, 종이를 보지 말라고 이야기합니다. 즉, 눈은 자연물을 보고 있고, 손은 종이 위에서 어떻게 그려지는지 모른 채 그리는 것입니다. 아이가 연필을 종이에서 떼지 않고 계속 올려놓도록 해 주세요.
5. 이제 그린 종이를 보고, 아이가 그린 물체의 가장자리를 다시 관찰하며 진하게 그려나가도록 해 주세요. 물체가 구불구불해진다면 손도 구불구불하게 하도록 하고, 물체에 직선이 보인다면 연필도 직선으로 움직이게 해 주세요.
6. 그림을 완성하면 서로에게 보여 주세요.

TIP

이 활동은 별도의 준비물이 없는 이동 중에도 가능합니다. 손가락은 연필이 되고, 공기는 종이가 됩니다.

도움의 손길 Helping Hands

소요시간 20분

상징화는 아이가 자신의 의미 있는 경험을 이해하기 위해 사용할 수 있는 예술적 도구입니다. 상징은 언어로 설명하기 어려운 생각이나 감정을 표현하기 위해 익숙한 대상을 사용하도록 합니다. 예를 들어, '손'이라는 것은 누군가와 연결된 느낌, 누군가에게의 도움, 주는 것과 받는 것, 또는 놓아주는 것을 의미할 수 있습니다. 이 활동에서는 아이가 자신의 손을 따라가며 '감사'라는 개념에 대해 생각해 보도록 할 것입니다. 고마움과 감사함에 대해 자주 생각한 아이는 삶을 더 행복하게 살아갈 수 있고, 어려움을 만났을 때 다시 일어설 수 있는 능력, 즉 회복탄력성이 강해집니다.

재료: 도화지(모든 종이 가능), 그리기 도구(색연필, 마커, 또는 크레파스)

1. 종이 위에 한 손 또는 양손을 대고 드로잉 재료로 아웃라인을 따라 그리도록 합니다. "우리 손의 역할이 뭘까?" 아이가 다양한 대답을 할 수 있도록 해 주세요. 그리고 손이 무언가 주고 받는 역할을 한다는 것을 이야기해 주세요.
2. 자신이 다른 사람들에게 무언가를 베풀었던 경험을 떠올리도록 해 주세요. 대단한 것이 아니더라도 누군가에게 인사하기, 미소 짓기, 또는 방치우기 등의 내용이 될 수 있습니다. 아이가 "잘 모르겠어요."라고 말하며 찾기를 어려워 한다면 부모가 먼저 예시를 들어 이야기해 줄 수 있습니다.
3. 손 안쪽에는 누군가를 위해 무언가를 도움을 주는 것에 대한 상징이나 기호,

색 등을 채워 넣을 수 있도록 합니다. 그 누군가는 가족, 친구, 지나가는 사람 등 다양할 수 있고, 반려동물이나 지구의 환경 등 더 넓은 개념도 가능합니다.

4. 무언가를 주는 것, 베푼다는 것이 아이에게 어떤 기분을 느끼게 하는지도 묻고 이야기를 할 수 있도록 해 주세요. 또 아이를 통해 무언가 도움을 받은 사람은 어떤 기분이 들었을지에 대해서도 같이 이야기해 주세요. 긍정적 감정뿐만 아니라, 부정적 감정도 언급될 수 있습니다. '베푸는 것은 기분이 좋은 것이야.'라는 의미를 아이에게 주입하지 말아 주세요. 방치우기를 하는 것이 아이에게는 짜증스러울 수 있고, 부모는 감사함을 느낄 수 있습니다. 어떤 사람은 베풀면서 아까워 하기도 하고, 어떤 사람은 누군가로부터 도움을 받으면서 자존심이 상하기도 합니다.
5. 손의 바깥 쪽에는 아이가 감사함을 느끼는 사람, 장소, 물건들을 상징, 단어 또는 색으로 표현하도록 합니다. 예를 들어, 선생님의 관심이나 놀이터, 선물 받은 장난감, 선물해준 사람 등에 대해 감사하는 마음을 표현할 수 있습니다.
6. 무언가를 받는 것이 아이에게 어떤 느낌을 느끼게 하는지 아이가 설명하도록 격려해 주세요.

TIP

함께 참여하는 부모와 아이의 유대감을 더 높이고 싶다면, 같은 종이 위에 부모와 아이의 손을 함께 따라 그려보세요. 아이의 왼손, 부모의 오른손이 한장에 같이 그려질 수 있습니다. 아이가 손바닥의 안팎을 꾸밀 때 부모도 손바닥 안과 밖을 함께 꾸밉니다. 형제 자매가 있다면 이 활동에 함께 참여시키면 좋습니다. 서로의 손을 닿게 할지, 서로 겹치게 할지, 손들 사이에 공간을 어느정도로 할지에 대해서 함께 결정해서 그릴 수도 있습니다.

엉망진창 물감 Ugly Paint

소요시간 15분

위험을 감수하는 것은 말 그대로 위험할 수 있습니다. 그러나 위험을 감수하고 무언가를 도전하는 사람들은 기회를 잡는 법을 배우게 되고, 그런 사람들에게는 큰 보상이 뒤따르기도 하죠. 배가 부서지지 않고 가장 안전하게 있을 수 있는 방법은 항해를 하지 않는 것입니다. 그러나 항해를 함으로써 배는 존재 의미를 찾게 되고, 다양한 곳에 갈 수 있고, 새로운 경험을 할 수 있습니다.

이 활동을 통해 아이들은 위험을 감수하는 것이 무엇에 도움이 될 수 있는지를 배울 수 있고, 스스로를 밀어붙이는 법을 학습할 수 있고, 실수로부터 성장할 수 있다는 것을 알아갈 수 있습니다. 미술활동은 새로운 것을 시도하는 행위가 포함됩니다. 꼭 잘 해야 할 필요가 없다는 것도 강조해 주세요. 엉망진창이 될 수도 있고, 흘러가는 대로 그릴 수도 있는 안전한 공간임을 아이에게 설명해 주세요. 이 활동은 완벽주의로 인해 스트레스를 받는 아이들에게 특히 도움이 될 수 있습니다.

재료: 지워지는 무독성 물감(원색과 흰색), 붓, 파레트(또는 호일이나 종이접시), 두꺼운 종이(예: 그림용 도화지, 골판지나 하드보드지), 물을 담을 수 있는 컵이나 그릇

1. 물감을 칠할 공간을 준비합니다. 실내에서 작업할 경우 바닥이나 벽을 보호하기 위해 비닐이나 신문지를 깔고 시작할 수 있고, 야외에서 활동이 가능할 경우에는 야외에서 진행하는 것도 좋습니다.

2. 아이가 그림 그리기에 익숙하지 않은 경우라면 색을 혼합하는 방법을 파레트나 호일 위에 시범으로 보여 주세요. 다른 색을 쓰기 위해서 붓을 헹구고 붓의 물을 제거하는 방법도 보여 주세요. 일회용 키친타올을 사용할 수도 있지만 자주 물감작업을 할 경우에는 물감놀이용 수건을 하나 준비하여 빨아서 재사용 하는 것도 추천합니다.
3. 이 활동은 최대한 못 그리는 것이 목표인 프로그램이라고 아이에게 소개해 주세요.
4. 아이가 소극적이거나 망치는 것에 대해 불안이 높은 경우, 한 가지 색으로 시작해서 눈을 감은 채 그림을 그리도록 합니다. 눈을 감으면 모두가 그림을 망칠 수 있다고 이야기해 안심하도록 할 수 있습니다.
5. 아이에게 종이를 회전시켜가며 그림을 그리도록 합니다.
6. 원하는 경우에 물감을 말리세요. 다음 날이나 그다음 활동할 때 이미 그려진 그림 위해 아이가 새로운 물감을 겹겹이 중첩시킬 수도 있습니다.
7. 안전한 상황에서 위험을 감수하는 것과 안전하지 않은 상황에서 위험을 감수하는 것의 차이에 대해 같이 이야기를 나눠주세요. 아이가 쉽게 대답하지 못한다면 예를 들어 줄 수 있습니다. 엄마가 해준 반찬 중에서 처음 먹어보는 음식에 도전하는 것은 안전한 상황에서의 시도입니다. 그러나 산을 지나가다가 열려있는 이름도 모르는 열매를 먹는 것은 위험한 상황에서의 시도입니다. 아이가 언제 무언가를 주저하게 되는지, 언제는 위험을 감수하고 도전을 하는지에 대해서도 질문해 주세요.

TIP

실내에서는 눈을 감고 물감 작업을 하다가 주변에 물감이 튈 수도 있습니다. 이를 예방하기 위해 도화지를 택배 상자 안에 넣고 바닥에 종이를 깔고 칠하게 할 수도 있고, 도화지 아래에 신문지나 비닐 등을 펼쳐 놓고 작업할 수도 있습니다.

차분한 색깔을 찾아요 Calm Color Combos

소요시간 20분

색채는 우리의 감정과 에너지 수준에 영향을 미칩니다. 긴장되는 상황에서 차분한 색을 상상하는 것만으로도 긴장 완화에 도움이 된다고 하죠. 이런 원리로 활력이 높은 색에 집중하는 것은 긍정적인 에너지와 기운을 얻게 할 수 있습니다. 검색을 조금만 해보아도 색채와 심리에 대한 많은 정보를 찾을 수 있습니다. 그러나 어떤 색깔이든 모든 사람에게 동일하게 작용하는 것이 아니라는 것을 기억해야 합니다. 색채가 주는 심리에는 한 개인의 경험도 상당히 많이 반영되기 때문입니다. 이 활동에서는 아이가 색을 혼합하여 자신만의 차분한 색깔을 만들어 보도록 할 것입니다. 이를 통해 어떤 색이 자신에게 차분한 느낌을 들게 만드는지, 만족스러운 기분을 불러일으키는지를 발견할 수 있을 것입니다.

재료: 두꺼운 종이(예, 도화지나 골판지), 연필, 지워지는 구독성 물감(원색과 흰색), 붓, 혼합용 파레트(호일이나 종이접시), 물을 담을 수 있는 컵이나 그릇

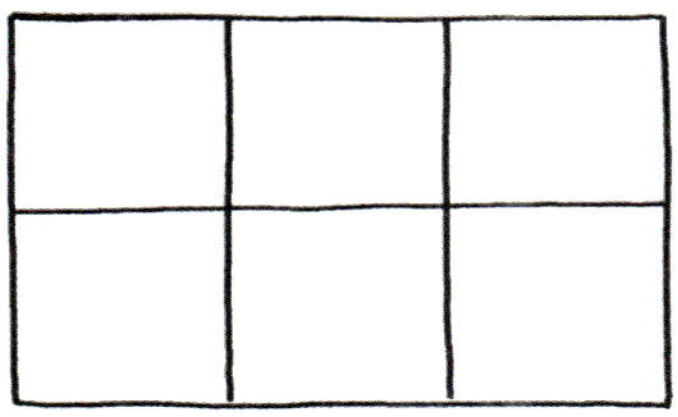

1. 종이에 가로줄 한 줄과 비슷한 간격의 세로줄 두 줄을 그려서 간단한 격자를 만듭니다. 이렇게 그리면 종이에는 총 여섯 개의 직사각형이 생깁니다.
2. 색을 혼합하여 새로운 색깔을 만드는 방법을 보여 줍니다. 빨간 색과 노란색이 섞이면 주황색이 되는 것, 노란 색과 파란 색이 섞이면 초록색이 되는 것을 보여 줍니다. 더 많은 혼합색을 만드는 것도 가능합니다. 그리고 흰색을 다른 물감에 섞어서 색을 밝게 만드는 방법을 보여 줍니다. 새로운 색을 섞기 전에 붓을 깨끗이 헹구고 물기를 제거하는 방법도 연습해 봅니다.
3. 연습용 종이에 연습을 해 보고 그림을 그릴 수 있도록 합니다. 아이에게 사용하는 색이 무엇을 생각나게 하는지 물어 봅니다. 색이 아이에게 어떤 느낌을 주는지도 함께 물어봐 주세요.
4. 이제 자신에게 차분한 느낌을 주는 색 조합을 섞어 보도록 해 주세요. 아이가 '차분하다'의 뜻을 잘 모른다면 어떤 상황에서 차분하다는 표현을 사용하는지 아이와 함께 대화해 주세요. 부모가 생각하는 차분한 상황과 느낌을 구체적으로 설명해 주는 것도 도움이 될 수 있습니다. 그리고 아이의 입장에서 생각하는 차분한 상황을 같이 이야기해 주세요.
5. 여섯 개의 사각형에 서로 다른 차분한 색을 칠하도록 합니다. 그리고 칠한 색이 무엇을 떠올리게 하는지도 이야기해 주세요. 최근에 이런 감정을 느꼈던 때는 언제였는지도 질문해 주세요.
6. 여섯 개의 차분한 색깔에 각각 이름을 붙이도록 해 주세요. '연보라색'과 같이 기존에 존재하는 이름이 아닌 아이가 느낀 감정과 경험이 포함된 새로운 이름을 붙일 수 있도록 유도해 주세요. 예를 들어, '구름이 둥둥 떠다니는 색', '나무가 잠자는 색'과 같은 이름이 될 수 있습니다.

TIP

아이가 불안하거나 스트레스를 받을 때 차분한 색깔을 만들어 보는 활동은 도움이 됩니다. 아이가 색을 만들고 칠하게 한 후, 심호흡을 하면서 아이에게 다음을 상상하도록 해 주세요. 긴 숨을 들이마실 때 온몸에 아이가 선택한 차분한 색이 들어오는 겁니다. 색깔이 숨을 들이쉬는 내내 내 몸에 가득 찹니다. 부모가 함께 심호흡을 하며 색이 몸으로 들어오는 상상을 함께 해 주시는 것이 좋습니다.

이상한 택배 Mad Mail

소요시간 5분

아이들은 택배를 받는 것을 좋아합니다. 택배는 누군가가 멀리서 선물을 보내준 것처럼 느껴지고, 상자를 여는 행위 자체가 아이들의 호기심을 자극하기에 자신이 특별하다고 느끼게 해 주기 때문입니다. 아이가 방에 틀어박혀 있거나 침대 밑에 숨을 때, 이 활동을 시도해서 다시 연결을 시도해 보세요. 이 활동은 아이가 자신의 감정과 생각을 전달하면서 안전하고 편안한 거리를 유지하는 데 도움이 될 것입니다.

재료: 도화지(모든 종이 가능), 그리기 도구(일반 연필 또는 펜, 색연필, 마커 또는 크레파스)

1. 한 장의 종이에 두 개의 원을 그리세요. 하나는 부모가, 다른 하나는 아이가 완성할 얼굴이 됩니다.
2. 만화처럼 각 원에 생각 말풍선과 대화 말풍선을 추가하세요.
3. 먼저 부모가 왼쪽 원 안에 사랑, 걱정, 슬픔 등의 감정을 표현하는 간단한 얼굴을 선택하여 그립니다.
4. 얼굴 옆의 대화 말풍선 안에 상황에 맞는 메시지를 추가해 주세요 "사랑해", "미안해", "[아이의 이름]이 어디에 있니?"
5. 생각 말풍선에도 글을 적어주세요. "나는 무엇이 문제인지 궁금해. 나는 [아이의 이름]이 이 글을 읽었으면 좋겠어." 다른 동그라미 원과 생각 말풍선, 대화

말풍선은 비워 두고 아이가 채우도록 해 주세요.

6. 종이와 펜을 문 아래로 밀어 넣습니다. 아이에게 "똑똑 택배왔습니다."라고 말하며 밀어 넣어 주세요.

TIP

아이가 아직 글을 읽거나 쓰기가 어려울 경우라면 이미지로 표현해도 좋습니다. "무슨 일이야?"라고 쓰는 대신에 물음표 같은 기호를 사용하거나, "사랑해"라고 말하는 부분에는 하트를 사용할 수 있습니다.

새로운 그림이 탄생할 것 같아! Brain Stretch

소요시간 20분

과학자들은 실험실에서 흰 가운을 입고 물약만 만드는 사람들이 아닙니다. 과학자들은 우리 주변에 일어나는 일들에 대해 고민하는 사람들이죠. 무언가를 가정해보고, 문제를 제기하고, 현명한 추측을 하고, 정보를 수집하고, 생각을 다듬어 세상을 이해하려고 노력하는 사람들입니다. 그렇기 때문에 학문적인 연구에서부터 갈등을 해결하고 행동하기 전에 생각하는 것까지, 과학적인 접근 방식을 배우는 것은 일상생활에 도움이 됩니다. 이 활동을 통해서 아이의 두뇌를 과학적인 방식으로 확장시킬 수 있습니다.

재료: 아이가 찾은 물건(예: 막대기, 장난감 자동차, 구슬), 지워지는 무독성 물감, 두꺼운 종이(예: 도화지, 골판지, 또는 하드보드지), 물을 담을 수 있는 컵이나 그릇

1. 아이가 그림 도구로 사용할 다양한 물건을 모으도록 해 주세요. 붓이나 색연필과 같이 기존에 사용하던 미술재료가 아니라 면봉, 나무 젓가락, 플라스틱 통, 동전 등 사용하고 버려져도 괜찮은 것, 혹은 물로 씻으면 다시 사용할 수 있는 것을 모아오도록 합니다.
2. 지저분해지거나 망칠 수 있는 물건을 가져온다면 대체품을 선택하도록 도와주세요. "인형은 물감이 묻으면 예쁜 모습이 사라질 것 같아. 대신 어떤 부드러운 물건을 대신 사용할 수 있을까?"라고 물을 수 있습니다.
3. 어떤 그림 그리기 방법이 가장 효과적일지 추측해 보도록 하세요. 물감에 물건

을 직접 담글 수도 있고, 종이에 물감을 뿌린 다음 물건을 가지고 이리저리 움직일 수도 있습니다. 아이의 손바닥에 물감을 묻혀서 물건에 묻힐 수도 있고, 튜브물감을 직접 물건 위에 짤 수도 있습니다.

4. 각 물체를 붓처럼 활용하여 종이에 그림을 그릴 경우, 어떤 종류의 자국이 만들어질지 추측하도록 합니다. 가지고 온 물체로 그림을 그리는 것이 얼마나 쉬울지, 또는 어려울지에 대한 가설을 세우도록 해 주세요.
5. 다양한 물체와 접근 방식으로 실험할 수 있도록 해 주세요. 처음에 가져온 물건이 아니더라도 또 생각나는 물건이 있다면 추가해서 물감의 도구로 사용해 주세요.
6. 새로운 물건으로 그림 그리는 과정에서 무엇을 발견했는지 이야기할 수 있도록 아이에게 질문합니다. "어떤 물체로 그림 그리는 것이 가장 쉬웠고 가장 어려웠니?"와 같은 질문을 아이에게 던져 보세요. "어떤 물체가 예상보다 더 쓸모 있었을까, 쓸모 없었을까?", "다음에 새로운 물체로 그림을 그린다면 어떤 것을 시도해 보면 좋을까?"

TIP

두뇌 발달에 더 도움이 되도록 하기 위해서, 아이들이 스스로 도전 과제를 설정하도록 할 수도 있습니다. 예를 들어, 종이 전체에 색칠하기, 자연물만 사용하여 자연풍경을 만들기 등이 있을 수 있습니다. 미술용 재료가 아닌 재료로 작업을 할 때는 물감이 묻은 물건이 굴러가거나 떨어지면서 바닥을 지저분하게 할 수 있으니 신문지 등의 큰 종이를 도화지 아래에 깔고 작업하는 것이 좋습니다.

마음챙김 산 Mindful Mountains

소요시간 20분

마음챙김은 기본적으로 나를 관찰하는 작업입니다. 마음챙김을 할 때에는 무슨 일이 일어나고 있는 것에 대해서 생각하지 않습니다. 단지 나 자신에게 집중하고 관찰하는 것이 필요합니다. 나를 관찰한다는 것은 우리가 그림을 그리기 위해 꽃병을 주의 깊게 보는 것처럼, 혹은 나무에 귀여운 새가 눈에 들어와서 움직임 하나하나를 흥미롭게 관찰하는 것처럼 나를 열심히 들여다 보는 것을 의미합니다. 주변에 소음이 발생하거나 순간적으로 주의가 산만해질 수도 있지만, 다시 세심하게 나 스스로를 관찰하는 것에 집중해 볼 수 있습니다. 이것이 마음챙김입니다. 마음챙김은 순간순간 무엇이 일어나고 있는지 호기심을 가지고 주의를 기울임으로서 아이들이 개발해 나갈 수 있는 좋은 마음가짐입니다.

마음챙김의 뿌리는 고대 인도와 중국으로 거슬러 올라갑니다. 오늘날 많은 사람들이 마음챙김을 배우고 실천하고 있는데, 이는 마음챙김이 스스로에게 도움이 된다는 생각을 하기 때문일 것입니다. 마음챙김은 집중력을 향상시키고 산만함을 감소시키며, 반응성 충동을 가라앉힙니다. 이는 단순하게 학습되는 것이 아닙니다. 아이들이 정기적으로 스스로에게 집중하고 관찰하는 마음챙김을 실시하면, 실제로 충동을 가라앉히고, 감정을 차분하게 만들며, 더 좋은 선택을 할 수 있게 도움을 주는 뇌의 일부가 성장합니다. 물론 뇌를 변화시키는 데에는 시간과 연습이 필요하지만, 아이들은 이 활동을 통해 마음챙김의 진정 효과를 즉시적으로 경험할 수 있습니다.

재료: 도화지(모든 종이 가능), 테이프(또는 스테이플러), 그리기 재료(색연필, 마커, 크레파스, 또는 물감)

1. 2~3장의 도화지를 가로로 놓고 테이프로 이어붙여 긴 종이를 만듭니다.
2. 들숨과 날숨을 이용하여 능선을 그릴 것이라고 설명해 주세요.
3. 숨을 들이마시면서 색연필 등의 미술재료를 대각선 오른쪽으로 올라가는 선을 그려 산등성이를 그려갑니다. 숨을 오래 들이마실수록 산봉우리는 더욱 높게 그려집니다. 숨을 내쉴 때는 대각선 아래쪽으로 움직여 하강하는 산기슭을 그립니다.
4. 다시 숨을 들이마시면서 다음 산의 산등성이가 시작됩니다. 그림이 종이 끝에 도달할 때까지 숨을 들이마시고 내쉬면서 위아래로 움직여 산을 그리는 과정을 반복합니다.
5. 자연스럽게 숨을 들이쉬고 내쉴 때마다 자신의 숨이 얼마나 길고 짧은지, 숨이 어떻게 변하는지를 알아차리도록 합니다. 다양한 호흡 길이로 시도해 보도록 합니다.
6. 더 작업을 할 여유가 있을 경우, 먼저 그린 마음챙김 산 아래에 한 줄을 더 그리도록 합니다.
7. 마지막으로, 마음챙김 산 그림을 완성하기 위해 세부적인 것을 더 그려넣도록 합니다.
8. 작업은 종이와 미술재료를 이용하여 진행되었지만, 우리는 상상 속에서도 마음속에 마음챙김 산을 그릴 수 있다는 것을 알려 주세요. 스트레스를 느낄 때 또는 잠들 준비를 할 때, 숨을 쉴 때마다, 마음 속에서 산이 만들어지는 것을 상상할 수 있습니다.

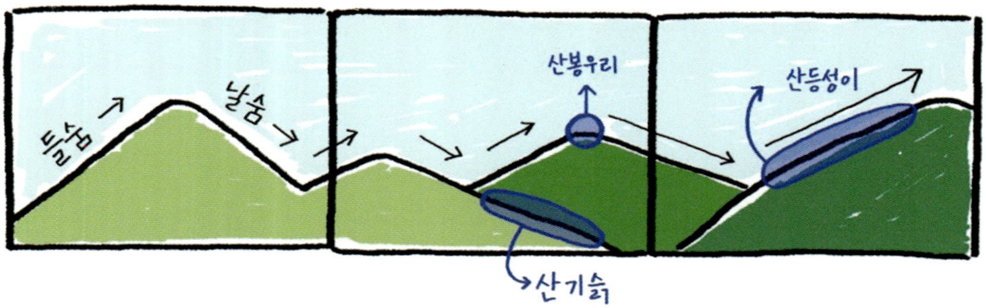

TIP

아이들과 마음챙김 산 그리기 작업을 한 후, 감정이나 에너지가 어떻게 변화했는지 공유해 봅니다. 산을 그린 이후 눈이나 햇살, 산들바람 등 아이들의 감정을 반영하여 날씨나 다른 세부사항으로 그림을 완성할 수 있도록 해 주세요.

다음과 같이 질문할 수 있습니다.

- 이 활동을 하면서 무엇을 발견했어?
- 호흡에 따라 산이 얼마나 커질지, 작아질지를 결정하기가 쉬웠어? 아니면 어려웠어?
- 호흡에 잘 집중할 수 있었어? 집중력이 흐트러지거나 산만해지지는 않았어?
- 활동을 마친 후에 몸은 어떤 느낌이 들었어? 더 편안해졌을까, 좀 더 에너지가 찬 느낌이 들었을까, 아니면 활동 전이나 후나 비슷했을까?

의미 있는 그림 Meaningful Painting

소요시간 25분

사람들은 왜 예술작품을 보려고 할까요? 다양한 문화의 예술을 감상함으로써, 우리는 다른 사람들이 무엇을 의미 있다고 여기는지를 배우게 됩니다. 또한 예술작품을 감상하면서 우리 스스로가 무엇을 의미 있게 여기는지를 발견하기도 합니다. 의미있는 것과 행복은 엄연히 다릅니다. 의미라는 것은 우리 자신이 누구인지, 나에게 중요한 것이 무엇인지 발견하고 표현하는 것입니다. 이것이 반드시 나에게 행복한 요소가 아닐 수는 있죠. 그러나 의미있는 것이 나에게 행복을 준다면 삶은 더욱 충만해질 것입니다. 의미있는 것에는 우리가 속한 가족, 문화와 같이 우리가 속한 집단, 그리고 우리가 세상에서 아름답다고 생각하는 것들이 포함됩니다. 우리가 중요하게 여기는 것들과 연결되고, 또 이것을 다른 사람들과 공유하는 것은 우리의 내면과 외면을 모두 건강하게 만듭니다. 이 활동은 아이들에게 자신에게 의미 있는 것이 무엇인지 생각해보게 하고, 이를 표현하고, 함께 나누도록 합니다.

아마테(Amate)는 뽕나무와 무화과나무의 껍질로 만든 종이인데, 콜롬비안 이전의 멕시코에서 의사소통, 기록 보관, 의복 등의 용도로 사용되었다고 합니다. 오늘날에 원주민 집단은 여전히 아마테에 새, 식물, 동물, 및 일상 생활의 장면 등을 밝은 색상으로 묘사하여 그립니다. 이 요소들은 이 원주민들에게 의미있는 것들입니다. 우리 아이에게 의미있는 것은 무엇일까요?

재료: 갈색 크래프트지 또는 종이 봉투, 연필, 검은색 마커 또는 크레파스, 지워지는 무독성 물감(밝은 색상과 흰색), 물을 담을 컵이나 그릇

1. 크래프트지, 혹은 갈색 종이봉투를 준비해 주세요. 갈색 종이봉투를 사용할 경우, 직사각형 모양으로 잘라서 도화지처럼 사용할 수 있도록 해 주세요.
2. 종이를 여러 번 구겼다가 폈다가를 반복하여 잔뜩 주름을 만들도록 해 주세요. 그리고 다시 그림을 그릴 수 있도록 평평하게 준비해 주세요.
3. 온라인에서 아마테 그림의 예시를 찾아봅시다. Amate Paintings으로 검색하면 쉽게 찾을 수 있습니다. 그림에 나타난 주제가 무엇인지 생각해보고 함께 이야기를 나눠 주세요. “아마테 화가들에게 의미있는 것, 그리고 즐거운 것은 무엇이었을까?”와 같은 질문을 할 수 있습니다.
4. 소중하게 생각하는 사람, 장소 또는 물건을 중심으로 자신만의 그림 주제를 선택하도록 합니다. 예를 들어, 특별한 동물을 그릴 수도 있고, 가족이 무언가 의미 있는 일을 함께 하는 장면을 그릴 수도 있습니다.
5. 일부 아마테 그림에는 액자가 포함되어 있습니다. 아이에게 액자를 같이 그릴 것인지 선택할 수 있도록 합니다.
6. 연필로 간단한 형태의 대상을 두꺼운 윤곽선을 이용해 그릴 수 있도록 해 주세요. 식물이나 동물과 같은 것을 배경에 그려 넣어 디테일을 추가할 수 있다고 알려 주세요.
7. 이제 검은색 마커를 이용하여 최종 선을 그립니다.
8. 이제 색칠할 시간입니다. 재미있고 밝은 색을 사용할 수 있도록 도와주세요.

TIP

아이의 작품에 대해 이야기할 때 "잘 그렸다","예쁘다"와 같은 가치를 판단하는 말은 최대한 피해 주세요. 대신, 개방적인 질문으로 "이 부분이 궁금하다", "여기에는 이런 게 있네. 뭘까"와 같은 표현을 사용하여 아이가 더 깊은 자기 반영을 할 수 있도록 도와주세요.

다음과 같이 질문할 수 있습니다.

- 너의 그림에 대해 알려줘.
- 네가 그린 그림이 어떤 면에서 너를 기분 좋게 하거나 의미가 있어? 아마테화가들이 중요하게 생각하는 것과 네가 중요하게 생각하는 것이 어떻게 비슷하고 또, 어떻게 달라?
- 너의 그림이 어떤 느낌을 전달하는 건지 궁금해. 어떤 색상이나 디테일이 그 느낌을 전달하고 있는 것 같아?
- 너를 모르는 누군가가 네가 그린 이 그림만을 딱 봤어. 그럼 그 사람은 이 그림을 보고 너한테는 무엇이 중요하구나 하고 생각하게 될까?

감정 친구들 Feeling Friends

소요시간 20분

감정은 신체 감각으로 경험되기도 하고, 생각이나 충동으로 경험되기도 합니다. 우리는 미술재료를 활용하여 감정에 색, 질감 그리고 모양과 같이 감정에 형태를 부여하여 감정을 실제로 눈으로 보기도 하고, 상호 작용할 수 있는 대상으로 변화시킬 것입니다. 특정 감정에 얼굴과 독특한 성격을 부여하면 감정들(심지어 불쾌한 감정들도 포함하여)은 우리의 친구가 될 수 있습니다.

감정과 친해지는 것은 중요합니다. 비록 그 감정이 나에게 조금 어려운 감정이라 할지라도요. 모든 감정은 인간 존재의 일부이고, 우리가 살아가는 동안 계속해서 우리를 찾아올 것입니다. 아이들이 가능한 빨리 감정과 친구가 되는 방법을 배우면 자신의 감정을 관리하기가 쉬워집니다. 감정과 가까워진 아이들은 자신의 감정이 내는 목소리에 귀를 기울일 줄 알게 되고, 자신의 생각과 행동이 감정에 영향을 줄 수 있다는 관점을 배우게 됩니다. 감정과 친해진 아이들은 자기 자신에게 어떻게 해 주어야 하는지를 잘 알고, 스스로를 더 좋아할 수 있게 됩니다.

이 활동은 아이가 감정적으로 격해지는 순간이나 감정이 쉽게 가라앉지 않을 때, 또는 감정이 무너진 후에 활용할 수 있습니다. 이 프로그램을 통해 아이들은 감정과 적당한 거리를 두고 자신을 다시 통제할 수 있게 될 것입니다.

재료: 도화지(모든 종이 가능), 그리기 도구(색연필, 마커, 혹은 크레파스)

1. 모든 감정은 인간의 일부임을 아이들에게 알려 주세요. 어떤 감정은 더 자주 느

끼고 싶고 어떤 감정은 다루기 어려울 수 있지만, 그렇다고 하여 그 감정들에게 '좋은' 혹은 '나쁜' 감정이라고 이름 붙이는 것은 피해 주세요. 대신, 감정을 친구나 손님으로 대하는 방식에 대해 함께 이야기해 주세요.

2. 최근에 아이가 느낀 감정에 집중해 봅니다. "커다란 감정이 지금 너에게 찾아오는 것 같아. 그 감정이 어떤 모습일지 궁금해" 또는, "오늘 아침에 학교에 가기 전에 걱정이 너에게 찾아왔던 때를 기억하니? 걱정은 어떤 색일까? 어떤 모양일까?"라고 물어봐 주세요.
3. 색, 선, 모양을 사용하여 그 감정을 그리도록 해 주세요. 감정은 어떤 캐릭터나, 동물, 덩어리, 간단한 모양, 또는 마구 그린 선 등 자유로운 방식으로 그려질 수 있습니다.
4. 만약 아이가 감정에 얼굴, 팔, 또는 다리를 추가하지 않았다면 추가하고 싶은지 물어 보세요. 원하지 않을 경우에는 그리지 않아도 괜찮습니다.
5. "너의 감정 친구에 대해 알아보자"라고 말하며 그 감정을 함께 이야기해 주세요. 대화 말풍선이나 생각 말풍선을 그려서 감정이 생각하고 느끼는 것을 그릴 수도 있고, 감정이 사는 곳, 먹는 것, 같이 놀고 싶은 다른 감정 친구 등 환경적인 디테일을 더 그릴 수 있도록 할 수도 있습니다.

TIP

어른의 관점에서 판단하지 않도록 주의합니다. 분노 감정은 반드시 괴물이나 화산이 아닐 수 있습니다. 행복 감정도 항상 무지개나 햇빛이 아닐 수 있습니다. "행복한 감정이면 막 꽃이 피어나는 걸 그릴 수 있겠다. 그치?"와 같이 아이들에게 자주 권장되는 비유 방식으로 아이를 유도하는 실수는 하지 말아야 합니다. 아이들이 자신만의 방식으로 상징을 만들 기회를 열어주세요.

다음과 같이 질문할 수 있습니다.

- 너의 감정 친구가 너에게 무엇을 말할지 궁금해. 너의 감정 친구에게는 무엇이 필요할까?
- 너의 감정 친구가 너의 관심을 받기 위해 열심히 노력하지 않는다면 어떤 상황이 될까?
- 너는 너의 감정 친구에게 어떤 말을 해 주고 싶어? 어떤 조언을 해 줄 수 있고, 또 어떤 이야기를 해서 안심시킬 수 있을까?
- 네가 지금 해야 할 일을 하거나 하고 싶은 것을 할 수 있도록 감정 친구에게 지금은 기다려 달라고 말할 수 있어? 어떻게 말하면 좋을까?

Chapter 2. 만들기와 꾸미기

이 챕터에서는 골판지, 점토, 블록, 식물 등의 재료를 이용해서 입체적인 작업을 합니다. 다양한 재료로 놀이활동을 하는 것은 재미있다는 것 외에도 여러 장점들이 있습니다. 입체적인 재료를 사용하면 아이들은 표현을 하는 과정에서 몸을 움직이게 됩니다. 두드리기, 찢기, 뭉개기는 크고 활기찬 감정을 표현할 수 있는 건강한 예술 활동이죠. 붙이기, 쌓기, 재배치하기는 기분이 우울할 때 에너지를 높이는 데 도움이 될 수 있습니다. 리듬감 있게 굴리는 것, 두들기고 반죽하는 것은 마음과 몸의 긴장을 완화시켜 줍니다. 우리는 단순히 미술 재료를 사용하는 것이 아니라, 감정을 변화시키는 방식으로 미술재료와 서로 상호작용하는 것입니다.

이 챕터에는 아이가 부담스러운 감정을 다루어 보고, 미안한 마음을 표현하여 사과하는 것을 훈련하고, 기쁨을 느낄 경우 이를 타인에게 전달하는 방식 등을 배울 것입니다. 이를 통해 가족관계를 긍정적으로 강화하는 활동도 해 볼 것입니다. 디렉션이 적혀 있지만, 이것을 그대로 따라 할 필요는 없습니다. 유연하게 아이와 환경에 맞춰 변화하고 응용해 주세요. 입체적인 만들기는 저마다의 생명을 가질 수 있습니다. 의도적으로 계획을 하고 미술재료를 조작하면서 느껴지는 만족감 사이를 왔다갔다 하며 즐겨보세요. 그 과정만으로도 충분히 유익할 수 있습니다. 때로는 만들다 보면 우연한 과정이나 결과를 만날 수도 있는데, 이 과정 모두가 아이와 부모에게 새로운 경험을 제공해줄 것입니다.

너를 위한 소원 상자 Matchbox Wishes

소요시간 20분

다른 사람이 못되게 굴거나 무시하면 화가 나기도 하고 상처를 입기도 합니다. 그러나 나에게 못되게 군사람에 대해 나쁜 마음을 가지기보다 친절한 마음을 가지는 것으로 마음가짐을 전환할 수 있습니다. 이런 과정을 통해 우리는 더 나은 기분을 느끼고 나쁜 감정을 털고 앞으로 더 나아갈 수도 있습니다. 비밀리에 행복, 건강, 평화를 위한 소원 메시지를 보내는 것은 기분 좋은 감정을 만들어 내고, 용서의 문을 열며, 우리 자신을 더 잘 받아들이도록 해 줍니다. 아이가 누군가와 불편한 상황을 겪었다면, 이 활동을 통하여 아이들이 타인과 자신에 대한 친절한 마음을 기를 수 있도록 도와주세요.

재료: 작은 상자(비누상자나 명함/카드 정도 크기), 색종이, 가위, 풀(글루건이 가장 적합함), 잡동사니 소품들, 종이, 펜

1. 불편하거나 어려운 사람을 위해 좋은 소원을 비는 것이(물리적으로 떨어져 있다 하더라도) 부정적인 감정을 어떤 식으로 바꿔나갈 수 있을지에 대해 이야기를 나눠주세요. 또한 우리 자신에게 도움이 되는 소원을 비는 것이 언제 어떻게 도움이 되는지도 확인합니다.
2. 상자의 바깥쪽과 안쪽에 붙일 색종이 조각을 자르도록 도와줍니다. 종이봉투나 신문지 조각을 사용해도 좋습니다.
3. 상자에 붙이거나 안에 넣을 수 있는 소품들(구슬, 단추, 여분의 열쇠 등)을 선택하

도록 해 주세요.

4. "행복하고, 안전하며, 평화롭고, 건강하길 바라"와 같은 아이가 추가하고 싶은 친절한 소원에 대해 이야기합니다.
5. 아이가 잘라서 돌돌 말아 상자에 넣을 수 있는 크기로 작게 소원을 적습니다.
6. 부정적인 감정을 친절함으로 다스려 본 기억, 그리고 기쁜 감정을 함께 나누고 전달한 경험을 아이가 자주 떠올릴 수 있도록 소원 상자를 자주 보이는 곳에 둘 수 있도록 합니다.

TIP

잠들기 전 친절한 소원을 보내는 연습을 해 봅니다. "오늘 누구에게 어떤 친절한 소원을 빌까?"라고 묻고, 소원 상자 속 내용을 읽는 동안 아이에게 그 사람을 떠올리도록 해 주세요.

약한 동물 지킴이 Armored Animals

소요시간 20분

누군가가 우리를 보호해 주고 있다고 느낄 때, 우리는 안전하다는 느낌을 받고 자신감도 덩달아 높아집니다. 아이가 누군가에게 그런 안심감을 느끼도록 할 수 있는 존재가 되도록 해 주세요. 동물 인형이 살아있다고 생각해 보는 거예요. 그럼, 동물 인형들도 감정을 느끼겠죠? 무섭거나, 슬프거나, 무력감을 느낀다고 상상해 보고, 아이가 어떻게 도와줄 수 있을지 함께 생각해 봅니다. 이 활동은 두려움, 외로움, 또는 다른 어려움에 대처하는 데 필요한 마음의 갑옷을 만들어 보는 시간입니다. 아이들은 인형 친구들이 힘든 시기를 헤쳐 나갈 수 있도록 돕는 전문가 역할을 맡게 됩니다. 아이는 인형 친구에게 도움을 주면서 동시에 스스로에게도 도움을 줄 것 입니다.

재료: 동물 인형, 갑옷 재료(종이 봉투, 골판지, 알루미늄 호일 등), 끈, 테이프, 가위

1. 아이에게 약하다고 느껴지거나 도움이 필요해 보이는 동물 인형을 선택하도록 해 주세요. 예를 들어, 학교에 갈 때 보고 싶어 하는 동물을 고를 수도 있고 어둠을 무서워하는 동물을 고를 수도 있습니다.
2. 이제 약하다고 생각되는 동물을 위해 단단한 갑옷을 만들어 줄 것입니다. 가슴, 정강이, 팔 등을 위해 갑옷을 만들 수도 있고 헬멧을 씌워 줄 수도, 방패를 만들어 줄 수도 있습니다. 동물 인형이 안전하게 느끼기에 필요한 것이 무엇인지에 대해 함께 이야기를 나눕니다. 각각의 아이템들은 어떻게 도움이 될까요?

3. 아이와 함께 인형 갑옷을 만드는 방법을 같이 상의해 주세요. 예를 들어, 종이 봉투에 구멍을 내어 머리와 팔을 만들 수도 있고, 정사각형 골판지 두 개를 자르고 끈으로 몸통에 붙일 수도 있고, 알루미늄 호일로 다리와 팔을 감싸는 방법을 생각해 볼 수도 있습니다.
4. 아이가 스스로 실험해 보고 하나하나 문제를 해결해 나가도록 해 주세요. 꼭 어른의 도움이 필요할 때는 도움을 줍니다.
5. 동물 인형이 아이가 만들어준 갑옷을 통해 보호받게 된 상황과 인형의 수호자(갑옷을 만들어준 아이)의 기분에 대해 어떻게 느끼는 것처럼 보이는지 같이 이야기 나눠 주세요.

TIP

종종 아이들은 자신의 감정을 장난감이나 인형에 투사하면서 개인적인 감정을 해소하기도 합니다. 인형의 감정에 대해 묻고 대답하는 과정에서 아이의 개인적인 감정에 대해 다룰 수도 있습니다.

상상 점토 Imagination Clay

소요시간 20분

요즘에는, 아이들을 위한 시간이 너무 타이트하게 계획되어 있는 경우가 많습니다. 심지어 놀이조차도 어떻게 놀라는 지시를 받기도 합니다. 학교에서도, 운동을 할 때에도, 게임을 할 때에도 아이들은 무엇을 어떻게 해야 하는지에 대해 지시를 받고 있습니다. 아무것도 없는 것에서부터 무언가를 만들어 내고, 구상하고 실험하는 활동은 아이들의 혁신적 사고능력과 문제 해결 능력의 성장에 도움을 줍니다. 이 활동에서는 부모는 한발 물러나서 아이들이 혼자서 해내고 있는 것에 대해 놀라워해 주는 시간을 가져 주세요.

재료: 부드러운 점토 재료(칼라 점토, 유토, 또는 집에서 만든 밀가루 반죽), 조각 도구(이쑤시개, 포크, 밀대, 쿠키 커터)

1. 테이블이나 바닥에서 작업하기에 앞서 바닥에 종이를 깔아 점토가 묻는 것을 방지해 주세요.
2. 아이들에게 점토와 도구를 원하는 대로 사용할 수 있다고 알려 주세요. 별도의 지시 사항은 없습니다.
3. 평소에 생각하고 있던 육아의 철학이나 장기적인 육아 목표를 생각해 봅니다. 다양한 요소들이 목표가 될 수 있으나, 부모에 따라 중요하게 생각하는 것들은 모두 다릅니다. 자립성, 자신감, 끈기, 창의력, 유연성, 친절함, 실수로부터의 배움, 의지 등 다양한 특성 중 아이가 어떤 부분을 특히 개발하기를 원하고 있

나요?

4. 아이들의 창의적인 과정을 지켜봐 주세요. 아이들이 이미 이러한 기술이나 특성을 발휘하고 있다고 판단되는 부분이 있을거예요. 어떤 부분을 통해 그렇게 생각했나요? 작업에 바로 뛰어드는 모습을 통해 '자신감'을 발견했을까요? 두 조각을 붙이기 위해 열심히 노력하는 모습에서 '끈기'를 발견했나요? 아이들이 나를 위해 뭔가 만들어 주는 모습을 통해 '친절함'을 발견했나요?

5. 아이의 장점을 관찰하고 아이의 강점을 큰소리로 강조해 주세요. 이를테면, "저걸 굴리기 위해서 열심히 노력하는 모습이 보이는구나. 너는 포기하지 않는구나!"

TIP

아이들이 막혔을 때 이렇게 해봐라 저렇게 해봐라 제안하지 마세요. 대신에 창조의 장벽을 넘어가는 과정을 아이에게 보여줄 수는 있습니다. "나도 어떻게 해야 할지 몰라. 그냥 굴리기 시작해서 무슨 일이 일어나는지 이제부터 보려고…"

작은 세상 Tiny Worlds

소요시간 20분

우리는 삶의 모든 결과를 통제할 수 없습니다. 그러나 노력한다면 분명 영향을 미칠 수는 있겠죠. 우리는 어떤 행동을 선택하게 되고, 그에 따라 어떤 것은 즐거운 결과를 맞이하고 어떤 것은 불쾌한 결과를 맞이합니다. 어떤 선택을 하느냐에 따라 다른 감정을 느끼게 되는 거죠. 우리가 하는 하나하나의 선택이 얼마나 중요한지를 알게 되면 더 나은 선택을 해야 하는 동기가 생겨납니다. 또한 이를 통해 우리의 선택이 다른 사람에게 어떤 영향을 미치는지를 깨닫기도 합니다. 이 활동을 통해 아이들이 자신의 주변 세상을 변화시키는 능력을 가지고 있음을 배우게 해 주세요. 아이들은 자신이 가진 능력이 어떻게 다른 사람과 자신에게 긍정적인 영향을 미칠 수 있는지를 알게 될 것입니다.

재료: 자연물(예, 돌, 나뭇가지, 나무껍질, 나뭇잎, 꽃, 솔방울, 흙, 풀, 물)

1. 아이와 함께 야외에 나가서 곤충들의 삶의 흔적을 찾도록 해 주세요. 만약 아이들이 콩벌레, 개미, 또는 다른 생물을 찾지 못한다면 상상력을 발휘해서 나무나 숲에 사는 요정과 같은 대상을 생각할 수도 있습니다. 자연을 존중하는 마음으로 관찰만 하고 살아있는 생명체들은 자연스러운 환경에서 있도록 그대로 두게 해 주세요. 곤충을 해치는 것은 활동에 포함되지 않는다는 것을 강조해 주세요.
2. 자연물을 사용하여 곤충, 다람쥐, 요정, 또는 다른 생물들을 위한 작은 세상

을 만들도록 해 주세요.

3. 아이의 작은 세상은 건물, 연못, 도로와 같이 구체적인 모습일 수도 있고, 전혀 알아볼 수 없는 모습일 수도 있습니다.
4. 자신의 생각을 말하도록 하고, 아이가 생각하는 생물들이 어떤 것을 필요로 할지, 자신의 창작물이 어떻게 그 필요를 충족시키고 있는지 설명할 수 있도록 합니다.
5. 아이가 기다려 주는 인내심, 혹은 곤충을 위한 배려, 곤충들에게 긍정적인 영향을 미치는 선택을 할 경우에는 이 부분을 함께 강조하여 칭찬도 해 주고 이야기도 해 주세요. 아이에게 자신의 선택과 행동이 곤충들의 상황과 감정에 어떤 영향을 미칠지에 대해 질문해 주세요.
6. 파괴적이거나 거친 행동을 할 경우에는 이를 반영해 주세요. 거친 행동이 생명체들에게 미치는 영향에 대해 설명하고 물을 수 있습니다. “어떤 결과가 더 좋을 것 같아?”

TIP

만약 아이들이 지나치게 파괴적이거나 거칠게 행동한다면, 그날은 건축하는 날이 아니라 부수는 날처럼 보인다고 언급하세요. 상자를 쌓아 올려 넣고 넘어뜨리거나 점토를 뭉치는 것과 같은 대안을 제안해 볼 수 있습니다.

나만의 요새 Friendly Forts

소요시간 20분

요새 만들기는 아이들이 자주 하는 놀이이지만, 자기 조절 전략으로써 요새 만들기가 아이에게 도움이 된다는 것을 알고 있는 부모는 적습니다. 요새 만들기는 아이들에게 다른 사람들과의 관계 맺기와 혼자만의 시간 보내기 사이에서 균형 잡는 연습을 하도록 도와줍니다. 요새 만들기는 과도한 자극을 주고 때로는 아이들을 혼란스럽게 만드는 세상으로부터 보호받는 느낌을 주기도 합니다. 이 활동은 아이들이 사람들을 받아들이는 연습을 하도록 도와주기도 합니다. 요새 만들기의 장점을 언제 더 극대화할 수 있는지 활동하며 찾아 주세요.

재료: 큰 골판지 상자(또는 가구), 담요, 시트, 베개, 종이, 색칠 도구, 페이퍼타워 롤, 신발 상자

1. 아이가 기분이 좋아 보이지 않거나 힘든 하루를 보내고 집에 돌아왔을 때, 요새를 만들자고 제안해 보세요. 요새는 우리를 지치게 하는 것들은 차단하고, 기분 좋게 하는 것들만 들여보내는 역할을 한다고 설명합니다.
2. 가구, 상자, 시트 등을 사용하여 아이에게 요새를 만들도록 해 주세요. 책, 베개, 인형, 그림그리기 도구 등으로 기분을 좋게 하는 아이템으로 요새를 채워 주세요.
3. 아이에게 무엇을 피하고 싶은지를 물어 보세요. 부모님, 선생님, 숙제와 같은 구체적인 대상일 수도 있지만, 어색한 분위기, 지친 것과 같이 개념적인 대상

일 수도 있습니다. 그리고 아이를 기분 좋게 만드는, 받아들이고 싶은 것은 무엇인지도 물어봐 주세요. 이 역시 간식과 같은 구체적인 대상일 수도 있지만, 사랑과 같은 개념적인 대상이 될 수도 있습니다.

4. "어서 와"와 "오지 마" 표지판을 만들어 꾸민 후 세워둘 수 있도록 하는 것도 좋습니다.
5. 휴지심으로 망원경을 만들어 침입자를 감시하고 신발 상자로 우편함을 만들어서 우편함을 통해서 그다음 활동을 연결하는 것도 추천합니다.

TIP

아이가 좋아하는 손님 역할을 하거나 우편물을 남겨두어서 아이가 일상 활동에서 다시 참여하도록 도와주세요. 숙제를 "특별한 배달" 상자로 포장하거나 우편함 안에 공식적인 저녁 식사 초대장을 넣을 수 있습니다.

사과하는 길 Apology Paths

소요시간 15분

살아가다 보면 누군가와 서로 의견이 충돌하는 일이 생깁니다. 그리고 그런 상황에서 사과하는 것은 단순히 자신이 잘못했다는 것을 인정하는 것이 아닙니다. 이때의 사과는 상대방과의 상처받은 관계를 해결해 나가고 다시 그 사람과 연결을 이어 나가는 용기 있는 행동입니다. 그러나 막상 사과하기가 쉽지만은 않죠. 특히 감정적으로 격앙되어 있을 때, 화가 난다거나 억울한 감정 등의 상태에서는 진심 어린사과하기가 어려울 수 있습니다. 또한 지나치게 죄책감을 느낄 때도 사과하는 것은 쉽지 않습니다. 아이는 자라나는 과정에서 누군가와 계속 다투게 될 것입니다. 그때, 이 활동을 활용하여 아이가 사과의 길을 걷는 방법을 도와주세요.

재료: 발판(블록, 베개 또는 담요), 종이, 필기구

1. 서로 감정이 상해버린 관계를 회복한다는 것은 마치 바닥에 닿지 않으면서 방을 가로질러 가는 것만큼 까다롭고 어려울 수 있다는 것을 아이에게 설명해 주세요. 관계를 회복하기 위해서는 문제 해결 능력도 있어야 하고, 유연하게 생각하는 융통성도 있어야 하고, 마지막으로 용기가 꼭 필요하다고 설명해 주세요.
2. 아이와 함께 베개, 담요 또는 골판지 등을 사용하여 방을 가로지르는 경로를 만듭니다.

3. 아이에게 최근 누군가와 느꼈던 갈등에 대해 생각해보도록 하고, 사과를 결심하고 사과를 해 나가는 길이 얼마나 어려울지도 생각하도록 합니다. 아이가 자신의 경험을 설명하면, 부모님이 이를 듣고, 난이도에 따라 경로에 이를 반영할 수 있도록 합니다.
4. 다음과 같은 문구를 각각 다른 종이에 적은 후 안내 문구로 사용합니다.
   - "미안해"라고 어떻게 말할까?
   - 내가 했던 일/말은 무엇이었을까?
   - 상대방의 기분은 어땠을까?
   - 어떻게 하면 나아질 수 있을까?
5. 아이에게 어떤 순서로든 경로를 따라 문구를 배치할 수 있도록 해 주세요. 각 질문에 대한 대답 예시를 제시해 줄 수도 있습니다.
6. 아이가 경로에 도착하면, 해당 문구에 대해 직접 신중하게 대답해 나가며 경로를 완성하도록 도와주세요. 아이가 질문에 대해 대답하고 앞으로 나아갈 때, 아이의 용기에 대해 크게 칭찬해 주는 것도 잊지 말아 주세요.

TIP

형제자매끼리 다툰 상황이라면 서로 방의 양 끝에서 시작하여 중간 어딘가에서 같이 만날 수 있도록 경로를 연결하여 함께 작업할 수 있습니다.

뱀이 냄비가 됐어! Confident Coil Pots

소요시간 25분

우리의 몸은 다양한 모양, 크기, 능력, 색상으로 이루어져 있습니다. 어떤 때에는 우리가 가지고 있는 신체를 예뻐하고 좋아하기도 합니다. 하지만 때로는 우리 몸이 이렇게 건강하다는 것에 대해서도 쉽게 잊고, 감사하고 예뻐하던 마음도 어느 순간에는 사라져 버리고 맙니다. 너무나 당연하게 우리에게 존재하고 있기 때문이죠. 이 활동을 통해 아이는 자신의 몸이 어떤 때에 실망스럽고 마음에 들지 않게 느껴지는지, 또 동시에 자신의 몸을 통해 스스로 행복하고, 자신감 있고, 강하다고 느끼게 되는지를 알게 됩니다. 그리고 나의 신체를 더 좋아하게 되는 방법들에 대해서도 함께 알아가게 될 것입니다.

재료: 부드러운 점토 재료(색점토, 지점토 또는 밀가루 반죽), 종이접시(또는 골판지)

1. 점토를 바닥에 놓고 양 손으로 밀어 늘려가는 코일링 작업을 통해 점토를 뱀처럼 길게 만드는 방법을 알려 주세요.
2. 다양한 두께의 점토 뱀을 말아보도록 해 주세요. 어떤 작은 코일은 작은 달팽이 모양으로 말을 수도 있고, 두꺼운 코일은 강아지 똥이 될 수도 있습니다. 다양한 크기로 코일과 공 모양을 말아 주세요.
3. 종이접시를 놓고, 가운데 바닥을 점토로 가득 메꿔 주세요. 평평하고 넓은 점토 조각을 손바닥이나 주먹으로 눌러서 아래 판을 만듭니다. 여기까지가 밑작업입니다. 바닥의 외곽라인을 따라서 뱀 모양으로 코일을 말아서 붙여 줍니다.

4. 코일을 한 층씩 겹쳐서 벽을 높이 높이 만들 수 있도록 해 주세요.
5. 공이나 달팽이 모양을 층층이 배열하도록 합니다. 위에 코일을 붙여 보세요. 계속 층을 쌓아 나가세요.
6. 다른 모양과 크기의 점토 덩어리로 어떻게 재미있게 다른 냄비를 만들 수 있을지에 대해 이야기해 보세요. 만든 냄비들이 어떤 부분에서 닮았는지, 어떤 부분에서는 다른지도 같이 이야기합니다. 냄비를 만들어 나가는 것은 쉽지 않죠. 실수도 많았을 것입니다. 이 실수를 시작점으로 삼아서 사람들이 자신의 몸을 원하는 대로 움직일 수 없거나, 원하는 방식으로 보이지 못할 때 어떤 느낌을 느낄 수 있는지에 대해서도 함께 이야기할 수 있습니다.

TIP

코일을 말고 층을 쌓아 올릴 때, 점토를 그냥 얹었을 때 생각처럼 잘 붙지 않을 수도 있습니다. 붙이려 하는 점토와 점토 사이에 칼집을 내주세요. 그리고 붙이려는 점토 일부분을 적은 양의 물에 이겨내어 슬립을 만들어 주세요. 이것을 스코어 앤 슬립 기술[1]이라고 합니다. 슬립을 붓에 발라 칼집을 낸 곳에 묻혀주면 풀처럼 잘 달라붙습니다.

1 Score and slip technique(스코어 앤 슬립 기술): 도자기 및 점토 공예에서 사용되는 기술로, 점토 조각품을 만들 때 사용됩니다. 이 기술은 다양한 조각품을 만들거나 점토 조각을 결합할 때 사용되며, 두 조각을 서로 붙이고 강하게 연결하기 위한 기술입니다.

- score(스코어): 절단
- slip(슬립): 흙물

즐거운 정물화 Favorite Stuff Still Life

소요시간 15분

평소에 잘 깨닫지 못할 수도 있으나 우리 주변에는 스트레스에 대처하는 데 도움되는 요소들이 가득합니다. 진정 효과가 있는 향기가 뿜어져 나오는 디퓨저와 차, 부드럽고 매끈한 질감들, 바람의 소리와 새콤달콤한 맛있는 음식들은 힘든 상황에서도 '괜찮다'는 신호를 뇌에 전달합니다. 이 활동을 통해 아이는 고통스러운 상황에서, 혹은 가족들 때문에 짜증스러운 상황에서 스스로 지루함을 달래기 위한 재밌는 방법으로 '나를 진정시킬 수 있는 아이템 메뉴'를 개발할 수 있습니다.

재료: 종이, 필기구, 나무 블록 또는 골판지 상자(선택 사항), 카메라

1. 정물화가 어떤 뜻인지를 설명해 주세요. 우리 주변에서 볼 수 있는 일상적인 물건을 그린 그림이라고 설명하면 이해가 쉽습니다. 특히 움직이는 것이 아니라 놓여 있는 움직이지 않는 대상을 그리는 것이라고도 보충 설명하는 것을 추천합니다. 즉, 차분하게 놓여져 있는 대상을 그림에 담은 거예요. 아이는 정물화를 그리기 위해서 자신에게 안정감을 느끼게 하는 다양한 아이템을 수집할 것입니다.

2. 함께 물건을 찾는 게임을 하기 위

한 목록을 작성합니다. 다양한 감각들이 하나씩 목록에 포함될 수 있게 해 주세요. 하나씩 채워보고 비어있는 감각에 관련된 아이템을 추가합니다. 예를 들어, 좋은 소리가 나는 것, 좋은 냄새가 나는 것, 부드러운 느낌이 나는 것, 맛있는 것, 아름다운 것 등을 추가합니다.

3. 즐거운 감정을 일으키는 아이템도 추가합니다. 예를 들면, 아이가 웃고 편안하게 느낄 수 있는 것과 안정감, 장난기, 편안한 느낌이 나는 물건 등을 추가합니다.
4. 아이가 직접 모든 항목을 수집하도록 해 주세요. 어떤 아이들에게는 타이머를 사용하여 경쟁하는 것도 좋습니다. 어떤 아이들은 서두를 경우 조급해질 수 있기에, 이런 경향 아이의 경우 여유를 가지고 하는 것을 추천합니다.
5. 아이가 정물화를 그릴 사진을 찍을 수 있게 하기 위해 아이템을 예술적으로 배치하도록 도와주세요. 아이가 원할 경우에 블록이나 상자를 사용해서 아이템을 위한 선반이나 프레임을 만들 수 있습니다.
6. 정물화 구도를 찍을 수 있도록 휴대폰이나 카메라를 아이에게 건네 주세요.

TIP

여러 가지를 멀티로 하기 어려워 하는 아이의 경우, 문을 나갈 때 한 개의 아이템만을 찾아오도록 해 주세요.

오래오래 기억해 Lasting Impressions

소요시간 15분

우리는 사랑하는 사람과 서로 멀리 떨어져 있을 때도 그 사람들과 연결되어 있다는 느낌을 받을 수 있습니다. 아마도 그것은 우리가 서로에게 어떤 인상을 남겼기 때문일 것입니다. 마치 조개가 바위에 화석 흔적을 남기는 것과 같습니다. 조개 껍데기가 사라지고 난 후에도 그 바위는 그 껍질의 존재로 인해 조개 껍떼기를 만나기 전과 다르게 영원히 변화합니다. 이 활동에서는 아이들이 자신만의 인상을 남기는 방법을 알 수 있을 것이고, 이를 통해 함께 있지 않을 때도 사랑하는 사람과 친밀감을 느낄 수 있을 것입니다.

재료: 질감이 있는 재료(나뭇잎, 동전, 조개 껍데기), 부드러운 점토 재료(색점토, 지점토, 밀가루 반죽 등), 밀대(선택 사항), 쿠키 커터

1. 아이들에게 바깥에서 자연물을 모으거나 집 안에서 작은 물건들을 모으도록 해 주세요. 이 물건들을 점토에 찍어서 어떤 흔적을 만든다는 것도 설명해 주세요.
2. 함께 점토를 굴리거나 두드려서 다양한 크기의 납작한 팬케익 같은 점토판을 만듭니다. 아이에게 하트나 다른 모양을 오려낼 수 있는 선택권을 주세요.
3. 처음에는 아이의 손가락을 점토에 찍어 지문이 남는 것을 확인합니다. 세상의 하나뿐인 나의 지문이 점토에 이렇게 흔적이 '남는다'는 것을 알려 주세요. 아이들이 다른 물체를 도장 찍듯 납작한 점토에 부드럽게, 그러나 단단하게 찍어

보게 합니다. 물체를 들어 올려 남은 흔적을 관찰하세요.

4. 사람들이 서로가 서로에게 인상을 남기는 방법에 대해 함께 이야기해 주세요. 즐거웠던 추억이 될 수도 있고, 감명 깊었던 명언, 공유하는 가치, 서로에게 영감을 준 방법, 서로 배운 교훈, 우리 자신에 대한 느낌 등이 그 예가 될 수 있습니다.
5. 부모와 아이, 혹은 형제자매간의 도구나 지문을 이용해서 서로의 점토에 흔적을 남기는 실험을 해보세요. 서로의 점토에 찍기 전에 허락을 먼저 구하는 것도 잊지 마세요.
6. 반죽을 오븐에 구울 수도 있고, 잘 말려서 오래도록 남는 흔적을 만들어 보세요. 원한다면, 굳은 후에 아이들에게 자신이 남긴 흔적에 색칠하도록 할 수도 있습니다.

TIP

분리에 어려움을 겪는 아이들에게는 부모님의 엄지손가락을 동전 크기로 찍어 두면 도움이 될 수 있습니다. 멀리 떨어져 있을 때도 엄지손가락으로 부모님과 연결되어 있음을 느낄 수 있습니다.

내 맘대로 감정변신! messy Emotion Metamorphosis

소요시간 15분

점토는 감정을 다양한 방법으로 표현할 수 있도록 만드는 좋은 매체입니다. 점토는 모양이 계속 바뀌고 수정도 가능하죠. 아이들은 점토를 움직이고 늘리는 방법을 통해 자신의 몸에서 느껴지는 감정의 모습을 점토에 투영하여 만들 수도 있습니다. 점토는 형태를 유지한 채 아이들이 상징을 만들 수 있게 해 주는 재료이고, 자신의 감정에 대해 더 많이 배울 방법을 알려 주는 재료이기도 합니다. 점토는 재작업이 가능합니다. 실수하더라도 다시 새롭게 만들 수도 있죠. 아이들은 자신의 감정의 변화에 따라 찰흙의 모습도 함께 변화하는 놀이를 경험할 수 있습니다. 이 활동에서는 내 감정이 어떤 모습인지 시각화된 형태로 관찰이 가능합니다. 감정을 바라볼 수 있는 능력은 아이들에게 다양한 방식으로 도움을 줄 것입니다.

재료: 부드러운 클레이(색점토, 지점토, 또는 밀가루 반죽), 이쑤시개

1. 점토작업을 할 때 테이블이나 바닥에 묻지 않도록 신문지나 종이를 깔고 작업해 주세요.
2. 아이들은 강렬한 감정을 느끼고 다루어 나갈 때, 과격한 행동을 할 수 있습니다. 이때 아이들이 주의해야 할 사항들을 규칙으로 이야기해 주세요. 예를 들어, 점토나 물건을 던지지 않기, 또는 점토를 테이블이나 손안에서만 머무를 수 있도록 하기 등이 있습니다. 아이가 지정된 공간 안에서는 자유롭게 다양한 방식을 시도할 수 있게 해 주세요.

3. "네 감정이 어떤 모습인지, 어떤 느낌인지 궁금해. 네 감정은 꽉 뭉쳐져 있어? 아니면 쭈욱 늘어나 있어? 아니면 부들부들 하게 생겼어?" 아이에게 점토로 시범을 보일 수 있습니다. 아이들은 자신의 점토를 가지고 어른을 따라 할 수도 있고, 그러는 과정에서 자신이 표현하고 싶은 모습으로 점토를 만들어 가게 될 것입니다.
4. "네 감정은 어떻게 생겼어? 어떤 동물처럼 생겼을까? 아니면 우리가 아는 어떤 생물체처럼 생겼나? 혹시 얼룩무늬가 있거나 어떤 모양을 하고 있어?"와 같이 물어 보세요. 이쑤시개를 이용하여 디테일한 요소들을 조각하거나 추가할 수 있습니다.
5. 이제 아이가 자신의 작품의 모습을 변형할 준비가 되어 있는지 물어 보세요. 아이가 그렇다고 대답한다면, "변신!"이라고 말하고 새로운 감정의 모습을 만든 후 3단계로 다시 돌아갑니다.
6. 아이가 원하는 만큼 3단계부터 5단계를 반복하도록 해 주세요. 아이에게 점토를 꾹꾹 눌러 펼 수 있고, 동글동글 공처럼 만들 수도 있고, 길쭉한 뱀처럼 만들 수도 있고, 손바닥이나 주먹으로 팍팍 내려칠 수도 있고, 작은 부분은 조각도 하면서 새로운 모습으로 변신할 수 있다고 설명해 주세요.

TIP

활동적인 아이는 점토를 주었을 때 점토를 던져버릴 수도 있습니다. 실내에서는 이런 방식이 위험할 수 있으니, 안전한 대근육 운동을 할 수 있는 대안을 생각해서 아이와 활동하는 것을 추천합니다. 우선 야외로 나가 점토를 던질 상자를 아이에게 지정해 주세요. 반드시 이 과정에서 점토를 사용할 필요는 없습니다. 점토 없이 할 수 있는 활동은 챕터 4를 참고하세요.

무지개 로켓 Rocketing Rainbows

소요시간 25분

행복한 사람들은 모두 한가지 공통점을 가지고 있습니다. 그들은 다른 사람들을 행복하게 만드는 것을 중요하게 생각합니다. 과거 COVID-19 팬데믹 사건 이후 전 세계 아이들이 직접 만든 무지개를 전시함으로써 희망을 기대하는 전시가 있었습니다. 아이들의 이런 따듯한 행동들은 모든 것이 불확실 하던 시기에 막막한 감정을 다루는 데에 조금이나마 도움이 되었습니다. 이번 활동에서 아이들은 자신만의 무지개를 만들 것이고, 자신이 타인을 위해 기쁨을 나누고 다시 그 기쁨을 함께 느끼는 경험을 하게 될 것입니다.

재료: 골판지, 연필, 날이 잘 드는 가위, 색칠 도구(마커, 크레파스 또는 물감)

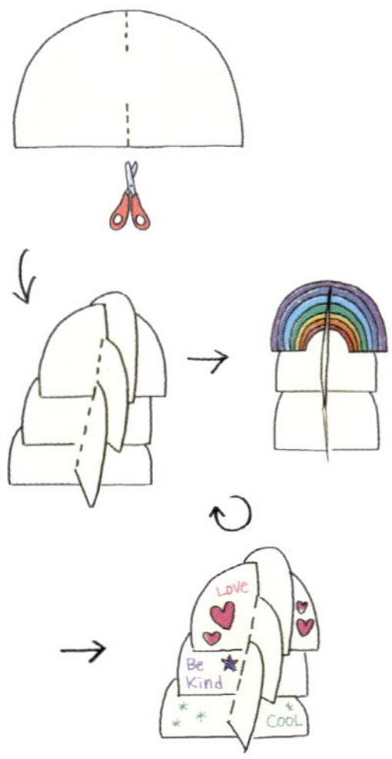

1. 아치형의 윗부분과 평평한 아랫부분으로 이루어진 무지개 모양을 그려 주세요. 아이에게 그린 무지개를 잘라서 보여 주세요. 최소 4개 이상의 이상의 골판지 무지개를 따라 그리게 하고 자르는 것을 도와줍니다.
2. 기본으로 삼을 무지개를 두 개 선택하게 합니다. 각 무지개의 윗부분과 아랫 부분에 두 개의 슬롯을 만듭니다.
3. 기본 무지개 위에 붙일 무지개 두 개를 더 선택하

도록 해 주세요. 각각 윗부분과 아랫부분에 두 개의 슬롯을 만듭니다.

4. 각 무지개를 서로 연결하기 위해 아랫부분 슬롯을 기본 무지개의 윗부분 슬롯에 밀어 넣으세요. 이제 서 있는 무지개가 완성되었습니다.
5. 이 구조를 이해했다면, 이제 앞 부분에는 무지개의 색을, 뒷 부분에는 긍정적 응원의 말을 쓰도록 해 주세요. "사랑해요", "행복하세요"와 같은 말이 될 수 있습니다.
6. 다시 슬롯을 서로 연결하여 로켓 모양을 만듭니다.
7. 더 큰 무지개 로켓을 만들려면 윗부분과 아랫부분 슬롯을 계속 만들어 붙여 넣으세요. 아이와 함께 무지개 로켓이 더 높이 솟아오르는 것을 지켜 보세요.

TIP

아이는 무지개 로켓을 주변 사람에게 선물하며 긍정적 에너지를 나눌 수 있습니다. 누군가에게 선물할 때는 그 사람에게 해 주고 싶은 감사의 메시지를 적도록 해 주세요.

말랑말랑 걱정상자 Comfy Cozy Worry Box

소요시간 15분

걱정이라는 것은 편한 시간이 아닌 불편한 시간에 찾아옵니다. 아이끼리 친해지게 하기 위해 다른 학부모와 약속을 잡고 함께 스케줄을 조절할 때, 혹은 아이들이 학교에 있을 때 걱정이 시작되죠. 그런데 걱정이라는 것은 논리적으로 다루려고 마음을 먹으면 거의 효과가 없습니다. 걱정이라는 것은 논리를 가져다 대면 "진짜? 이래도 걱정이 안들어?"와 같이 반박에 나설 수 있고, 그럴 경우 걱정은 더 커질 수 있습니다. 그러니 걱정을 다루기 위해서는 걱정거리에게 관심을 기울일 준비가 될 때까지 머물 수 있는 편안한 장소를 준비하는 것이 먼저입니다. 걱정거리를 격리된 공간에 두면 아이가 걱정이 하루 일과에 얼마나 여향을 미치는지 더 잘 이해할 수 있고, 이를 통해 걱정을 통제하는 경험도 할 수 있습니다. 걱정이 줄지어서 뒤에서 기다린다 하더라도 더 이상 예전처럼 신경쓰이지도 않을 것입니다.

재료: 덮개가 있는 작은 상자, 천 조각(또는 솜 뭉치), 접착제, 작은 알록달록한 콜라주 재료(단추, 플라스틱 보석, 구슬 등)

1. 작은 상자 안쪽에 천 조각, 솜 뭉치 또는 기타 아늑한 소재를 접착제로 붙이게 해 주세요. 상자가 없는 경우 온라인에서 '뚜껑이 있는 간단한 종이접기 상자'로 검색하여 상자 종이접기를 할 수 있습니다.
2. 콜라주 재료 중에서 자신의 걱정과 닮거나 '얘를 내 걱정이라고 할래요!'라고

지정하고 싶은 물건(단추, 플라스틱 보석, 구슬)을 하나 선택하도록 합니다.

3. 상자 안에 걱정을 넣고 뚜껑을 닫도록 합니다.
4. 자신의 걱정상자를 보관할 장소를 찾을 수 있도록 도와주세요.
5. 걱정과 함께 시간을 보내고 싶을 때마다 언제든지 함께 꺼내어 들고 그것이 무엇을 말하고 있는지 들어볼 수 있다고 설명합니다. 활동이 다 끝나면 걱정상자를 다시 치워놓아도 됩니다.
6. 만약 걱정이 '탈출'하면 큰일 나겠죠? 이를 대비하기 위해 상자 주변에 울타리를 만들거나, 장난감용 알람 레이저 빔을 설치하여 걱정이 몰래 탈출할 경우 알아챌 수 있도록 해 주세요. 훨씬 안심이 될 거예요.

TIP

아이들이 다루어야 하는 다른 중요한 감정이 있다면, 걱정상자에 함께 넣지 말고 별도의 상자를 준비해서 따로 만들도록 해 주세요. 만약 감정들이 서로 관계가 어느 정도 있는 상황이라면, 다른 콜라주 재료들도 들어갈 수 있는 조금 사이즈가 있는 상자를 준비하여 모두 한번에 수용할 수 있도록 하는 것도 좋습니다. 또는 모든 감정을 수용할 수 있을 만큼 큰 상자를 만듭니다. 어떤 감정과는 함께 살아가고 싶은지, 어떤 감정에는 자신만의 공간을 주는 것이 좋을지도 물어 보세요.

치유의 조각 Healing Hearts

소요시간 5분

아름다움이라는 것은 어디에나 존재한다고 믿고 있나요? 인생을 살다 보면 슬픈 일도 생기고 실망스러운 부분도 많은데요, 여기에서도 아름다움을 발견할 수 있을까요? 일본의 미적 관념 중 하나인 '와비–사비'를 실천하는 사람들은 그렇다고 대답합니다. 와비는 단순함, 또는 자연 상태에 대한 감사를 의미합니다. 비록 불완전하고 미완성이라 하더라도 불완전함을 받아들이는 근본적인 느낌은 무언가 되어간다는 정서라고 볼 수 있습니다. 사비는 시간이 지남에 따라 빛이 바래고 광택을 잃어간다는 의미입니다. 세상을 바라보는 고요한 정취를 포함하는 개념이기도 합니다. 와비–사비는 인생의 끊임없이 변화하고 깨지고 불완전한 부분, 즉 감상하기 어려운 것들에서도 우리는 아름다움을 찾을 수 있다고 가르치고 있습니다.

와비–사비에서 영감을 받은 예술 형식인 킨츠키(Kintsugi)는 깨진 물건을 귀금속으로 수리하여 불완전함을 기립니다. 예술가들은 균열을 숨기는 대신, 금이나 은으로 균열을 더욱 강조하죠. 결함이 있는 것을 나쁘게 보는 것이 아니라 그 물건의 역사의 일부로 존중하는 것입니다. 결과적으로, 결함이 소중히 다루어진 물건은 더욱 강하고 아름답게까지 느껴집니다.

실수를 하거나, 큰 변화가 생기거나, 누군가 못되게 굴거나, 사랑하는 사람이 떠날 때와 같은 상황에서, 우리는 모두 상처받기도 하고 '내가 무슨 문제가 있나?'라고 반문하며 스스로의 결함을 찾기도 합니다. 이 활동을 통해 아이가 상처받은 기분을 느낄 때를 생각하게 하고, 그 감정을 그대로 인정하도록 해 주세요. 상처와 불완전함이 그들의 이야기의 일부가 될 수 있도록 도와주세요. 실제로 완전히 회복되었다고 느끼지 않더라도 아이는 자신의 시간과 상처 속에서 아름다움과 균열 등을 다시 발견할 수 있습니다.

재료: 골판지, 그리기 및 색칠 도구(마커, 크레파스 또는 물감), 가위, 풀(글루건이 가장 좋음), 알루미늄 호일

1. 골판지 위에 큰 하트를 그리도록 합니다. 그리고 아이가 직접 그린 하트를 자를 수 있도록 도와주세요.
2. 골판지의 남은 부분을 이용해서 추상적인 모양들을 몇 개 오려내도록 합니다. 어떤 형태이든 자유롭게 오리되, 어떤 대상을 구체적으로 묘사해서 자를 필요는 없다고 설명해 주세요. 다양한 크기와 다양한 모양으로 여러 개를 만드는 것이 좋습니다(이 조각들은 후속 단계에서 하트 위에 모자이크를 붙이는 데 사용됩니다).
3. 처음 잘라낸 하트와 추가로 잘라낸 추상적인 조각들에 색을 칠하도록 해 주세요. 하나의 색상만 쓸 수도 있고, 다양한 여러 가지 색상을 사용할 수도 있습니다. 물감을 칠한 후 말려 주세요.
4. 잘라낸 추상적인 모양들을 하트 위에 배열하도록 해 주세요. 조각들을 바짝 붙이지 말고, 모양과 모양 사이에 일정한 간격을 두는 것이 좋습니다.

5. 조각들이 하트에 붙일 수 있는 양보다 많다면, 붙인 조각들 위로 층을 더 쌓아서 입체적으로 붙일 수 있다고도 설명해 주세요.
6. 접착제를 주고 조각들을 직접 붙이도록 해 주세요. 만약 글루건을 사용하여 붙일 때에는 데이는 사고가 발생할 수 있으니, 함께 감독하에 사용하도록 합니다.
7. 알루미늄 호일을 뜯거나 잘라 주세요. 그리고 뜯어낸 알루미늄 호일을 뱀처럼 긴 형태로 만들어 주세요.
8. 잘라낸 조각들의 떨어져 있는 틈새 사이 사이에 길쭉하게 만든 호일을 눌러서 채우는 방법을 보여 줍니다. 다양한 모양들 주위에 호일을 구부리거나 지그재그로 감아서 빈 공간을 채워 주세요.
9. 접착제 없이도 호일은 잘 붙을 수 있으나, 떨어지는 곳도 있을 수 있어요. 그런 곳에는 호일 아래에 접착제도 발라서 떨어지지 않게 해 주세요.

TIP

가족이 어떤 변화나, 질병, 또는 이별이나 상실로 인해 영향을 받는 경우, 가족과 함께 치유의 하트를 만들어 보세요. 만든 도형에 행복이나 치유에 대한 소망을 적어 붙일 수 있습니다.

다음과 같이 질문할 수 있습니다.

- 네가 만든 작품에 대해 설명해줘. 네가 만든 이 하트를 볼 때 어떤 감정이 느껴졌어?
- 호일을 하트에 붙이니까 하트가 어떻게 변했니?
- 만약 하트가 말을 할 수 있다면 뭐라고 말할 것 같아? 만약 여기 호일이 채워진 이 사이의 균열이 말할 수 있다면 뭐라고 말할 것 같아?
- 너는 이렇게 마음이 상한 적이 있어? 이때 발견한 너의 단점이, 그리고 그때 받은 상처가 너를 어떻게 더 강하게 만든 것 같아?

움직이는 가족 Dynamic Family Portrait

소요시간 20분

만약 아이가 가족을 그림으로 그려본 적이 있다면, 아마도 아이는 모든 가족 구성원들이 나란히 서서 웃고 있는 모습을 그렸을 것입니다. 주로 가족사진이라는 것이 여기 누가 있었는지를 기록하고, 그 사람의 모습을 그대로 담는 데 의미를 두기 때문입니다. 하지만 실제로 가족을 생각해 보면 어떨까요? 가족이 나란히 서 있는 경우는 잘 없죠. 실제 가족은 역동적으로 계속해서 움직이는 존재들입니다. 살아있는 사람들이고, 움직이는 에너지로 가득 차 있다는 의미입니다. 가족의 모습은 한 가지 모습에 머물러 있지도 않습니다. 변화하고 진화하죠. 새로운 구성원들이 합류하여 새로운 가족을 만들기도 하니까요. 예를 들어 가족을 통해 두 가족이 합쳐질 수 있고 두 사람 사이에서 아기가 태어날 수도 있습니다. 부모님은 일을 줄이거나 늘리기도 하고, 형제자매들은 커서 학교에 다니게 됩니다. 가족 구성원들은 서로 사이가 좋아지면서 가까워지기도 하고, 다툴 때는 서로 멀어지기도 합니다. 이러한 변화는 가족의 모습을 바꿀 뿐만 아니라 가족 구성원들의 감정에도 영향을 미칩니다.

이 활동에서는 아이가 자신의 가족이 가지고 있는 역동을 탐색하도록 할 것입니다. 아이들은 가족 특징과 상호작용을 나타내는 상징을 만들 것입니다. 또한 신체적이든 정서적이든 기존의 가족 구성원들 간의 관계를 보여주고 관계를 강화할 수 있는 다리나 길을 만들 수도 있습니다. 이 활동은 가족 변화에 대해 표현하기 어려운 감정을 아이가 표현할 수 있도록 도와줄 수 있습니다. 꼭 이렇게 깊게 접근하지 않더라도 아이가 단순히 자신의 가족 역동이 이렇구나, 좋다라고 생각하며 이를 축하하는 목적으로 사용될 수도 있습니다. 가족 초상화에 대해 아이와 이야기해 보세요. 우리의 가족이 더욱 긴밀하게 연결되는 새로운 방법을 발견하는 시간이 될 거예요.

재료: 다양한 색상의 부드러운 점토(색점토, 지점토, 밀가루 반죽 등), 이쑤시개, 골판지(또는 종이) 조각

1. 테이블이나 바닥에 점토가 묻지 않도록 신문지나 종이를 깔거나, 일회용 종이 접시를 놓고 그 위에서 작업하도록 해 주세요.
2. 부드러운 점토를 사용하여 아이가 자신의 가족들을 상징적으로 만들 수 있도록 해 주세요. 이쑤시개를 사용하여 중심을 잡도록 하거나 디테일을 만들 수 있습니다. 필요한 경우에는 나무젓가락으로 가운데 축을 지지해 주세요.
3. 지금 만드는 가족이 가족의 실제 모습을 닮아서는 안 된다고 설명해 주세요. 대신, 각 인물이 가지고 있는 성격, 취미, 특별한 관심사 또는 역할을 나타낼 수 있도록 해 주세요. 예를 들어, 책 읽기를 좋아하는 형제자매는 책으로 표현될 수도 있고, 화를 잘 내는 가족은 뾰족뾰족한 모습으로, 가족을 위해 음식을 자주 준비하는 부모님은 프라이팬으로 표현될 수도 있습니다.
4. 골판지나 종이에 만든 가족 점토들을 스스로 배치할 수 있도록 해 주세요. 어떤 가족을 자신과 가까이 두고 싶은지, 순서는 어떻게 놓고 싶은지, 누구와 누구를 서로 마주보게 놓고 싶은지 등 아이가 직접 결정하게 해 주세요.
5. 추가적으로 더 작업할 시간이 있다면, 배치를 끝마치고 나서 아이가 가족 구성원들에게 느끼는 감정에 따라 다시 배치할 수도 있다는 것을 알려 주세요. 예를 들어, 특정 가족구성원과 함께 많은 시간을 보내거나 정서적으로 가깝다고 느끼는 경우, 처음 놓은 위치보다 상징물을 서로 더 가깝게 배치할 수 있습니

다. 누군가가 물리적으로 부재하거나 또는 상처받은 감정을 불러일으키는 경우 다른 가족 점토와 거리를 둘 수 있습니다. 배치가 끝난 후 이유도 함께 질문합니다. 질문할 때는 다그치거나 혼내는 분위기가 되지 않도록 유의하고, 아이의 행동에 대해 진심으로 궁금해하며 질문해 주세요.

6. 가족 점토의 배치가 모두 끝난 후에는 아이에게 가족 구성원들 간의 연결을 강화하기 위한 길이나 다리 또는 기타 형태의 연결되는 무언가를 만들어 보도록 합니다. 모든 가족들의 상징물을 연결하는 것이 목표는 아닙니다. 아이가 스스로 필요하다고 느끼는 부분을 연결하도록 해 주세요.
7. 어른의 눈으로 보게 되면, 아이가 표현한 것을 임의로 해석하고 싶어질 수 있습니다. 해석을 멈추고 대신에 아이가 선택한 상징의 모습, 배치한 위치와 거리, 연결 경로 등에 대해 궁금함을 가지고 아이에게 질문해 주세요.

TIP

아이들이 가족 구성원을 빠뜨릴 수도 있습니다. 이때에는 아이에게 빠진 가족을 추가해서 만들도록 유도하지 마세요. "아빠가 없네. 여기 아빠를 만들어 볼까?"와 같이 이야기할 경우, 아이의 자유로운 배치는 의미를 잃을 수 있습니다. 대신 "엄마는 여기에 아빠가 없는 것을 발견했어." "엄마는 아빠가 어디에 있는지 궁금해."와 같이 호기심을 가지고 질문해 나갈 수 있습니다. 누군가를 생략한 것은 아이의 입장에서 단순한 실수일 수도 있지만 중요한 의미를 가질 수도 있습니다.

다음과 같이 질문할 수 있습니다.

- 네가 만든 가족 점토들이 어떻게 배치되었는지 위치를 설명해 줘(예를 들어, "내가 뭔가 찾았어! 다른 가족은 모두 골판지 위에 있는데, 이 가족만 골판지 위에 있지 않네. 이 사람이 이렇게 따로 있는 이유가 너무 궁금해!"라고 물을 수 있음).
- 만든 것을 이렇게 보니까 어떤 것이 특히 눈에 띄는 것 같아? 너에게 특별한 것이 무엇인지에 대해 어떤 것이 설명해 주고 있는 것 같아? 또 이 가족에게 변화하고 있는 것은 무엇일까?
- 네가 만든 길과 다리에 대해 설명해 줘. 나는 이 점토 가족들이 그 길을 따라 움직일 수 있는지도 궁금해.
- 이 가족에게 필요한 것은 무엇이 있을까? 무엇을 바꾸거나 더 추가하면 좋을까?

둥글게 둥글게 자연 만다라 Nature Mandala

소요시간 20분

원은 단순한 도형입니다. 가운뎃점을 중심으로 같은 거리에 있는 점들이 모인 것이 바로 원이죠. 그러나 이렇게 단순한 원은 수천 년 동안 여러 문화권에서 특별하고 중요하게 여겨져 온 도형이기도 합니다. 인도의 일부 고대 명상 수행법에는 만다라(Mandala)라고 불리는 대칭적인 패턴의 원을 만드는 활동이 포함됩니다. 오래된 이탈리아 스테인드글라스 창문과 아즈텍(Aztec)의 태양석에서도 비슷한 장식 원이 등장합니다. 만다라는 역사적으로 우주를 상징하는 것으로 여겨졌으며, 최근에는 심리치료를 포함한 다양한 분야에서 내면의 세계를 반영하고 평온하게 해 주는 상징물이라 여겨지고 있습니다.

만다라 작업에서는 패턴 만드는 것이 강조되므로, 만다라를 작업하는 사람들은 만다라를 만들면서 정신적으로 균형 잡히고 편안한 감정을 느낀다고 설명합니다. 정서적으로 복잡하고 심리적으로 어려운 시기에 어떤 질서를 만들어 주는 것은 우리가 스스로 통제감을 느끼고 예측 가능성을 높이는 데 도움이 됩니다. 하나의 만다라를 함께 공동작업으로 만드는 것은 함께 참여한 사람들 간의 유대감을 강화시켜 주고, 서로 더 가까워진 감각을 느끼게 합니다. 그렇기에 만다라 작업은 형제자매, 또는 부모와 자녀의 공동작업으로도 추천하고 있습니다.

아이가 정서적으로 혼란스러워하거나 심리적 균형이 맞지 않을 때에는, 만다라의 일부가 균형을 잃어도 괜찮습니다. 감정이 반영된 것이니까요. 균형을 맞추고 잘 그려야 한다는 부담감을 아이에게 주지 마세요. 만다라 작업을 하는 과정에서 아이의 혼란스러운 감정은 가라앉을 것이고 더 많은 내면의 힘을 얻을 수 있을 것입니다.

재료: 다양한 자연물(꽃, 나뭇가지, 돌, 나뭇잎, 열매, 솔방울 등), 카메라(핸드폰 카메라 사용 가능)

1. 온라인에서 '자연물 만다라'를 검색한 후 사진을 아이에게 공유해 주세요. 아이는 다른 사람이 만든 자연물 만다라를 보고 다양한 창조적 영감을 얻을 수 있습니다.
2. 함께 야외에 나가서 다양한 자연물을 찾도록 해 주세요. 산이나 강이 있는 야외에 놀러 갔을 때, 숲에서 캠핑하거나 산책할 때 함께 작업을 해도 좋고, 이 활동 하나만을 위해 가족이 함께 외출하는 특별한 시간을 가질 수도 있습니다.
3. 재료가 모아졌으면 아이가 만다라를 만들 수 있는 야외 장소를 찾도록 도와주세요. 잔디가 펼쳐진 곳도 좋고, 흙이 고르게 펼쳐진 곳도 좋습니다. 만약 재료가 모아졌는데 아이가 표현할 곳이 적당하지 않다고 느껴진다면 흰 천이나 하얀 4절지를 가지고 가서 그 위에 표현하도록 할 수도 있습니다.
4. 의미 있거나 마음에 드는 재료를 선택해서 그 재료부터 바닥에 놓도록 합니다. 이것이 원의 중심이 될 것입니다.
5. 처음 놓은 재료를 중심으로 주위에 비슷한 물체들로 고리 모양을 만들 수도 있고, 확장하는 모양을 만들 수도 있습니다. 막대기나 작은 돌들은 만다라 안의 여러 가지 선이 될 수 있습니다. 만다라 안의 패턴은 다양할 수 있으니, 일정하게 회전하는 다양한 패턴들을 아이와 함께 연구해 보세요.
6. 첫번째 재료를 중심으로 작은 원을 만들었다면, 이제 그 원 위에 새로운 고리 형태나 패턴으로 더 큰 원을 만들 수 있도록 해 주세요. 물체끼리 서로 닿아도 괜찮고, 물체 사이에 공간이 있어도 괜찮습니다.

7. 만다라는 다양한 모습으로 등장할 수 있습니다. 부모님의 머릿속에 기대했던 만다라의 모습이 있을 수는 있지만, 기대에 미치지 못했다고 하여 "여기에 이렇게 하나씩 더 놔볼까?" 혹은 "이 부분을 이렇게 바꿔보면 더 예쁠 것 같은데."와 같이 어른의 시선으로 완성도를 높일 필요는 없습니다. 만다라는 단순할 수도 있고, 복잡할 수도 있으며, 클 수도 작을 수도 펼쳐져 있을 수도 오밀조밀 모여 있을 수도 있습니다. 완성의 순간은 아이가 완성되었다고 느낄 때입니다. 아이가 필요로 할 경우, 더 많은 자연물 재료를 찾아올 수 있도록 해 주세요.

8. 아이가 만든 만다라를 사진으로 찍습니다. 만약 하루 정도 만다라를 더 관찰할 수 있다면, 꽃이 시들거나 잎이 날아가면서 변화하는 것을 찍어 두 개의 만다라를 비교해 볼 수도 있습니다. 만약 잠시 방문했던 곳이라 떠나야 한다면, 바닥에 자연스럽게 두어도 되는 재료가 아닌 기타 재료들은 아이와 함께 쓰레기통에 정리하는 것까지 활동에 넣어 주세요.

TIP

전통적인 모래 만다라 작업을 하는 사람들은 모래 알갱이를 만다라에 부어 넣을 때마다 축복을 빌어줍니다. 아이들에게도 우리 가족만의 상징을 만들도록 할 수 있습니다. 예를 들어, 돌멩이는 가족의 건강을 기원하는 재료로, 나뭇가지는 행복을 기원하는 재료로, 꽃잎은 마음이 아플 때 쉽게 회복하기를 기원하는 재료로 사용할 수 있습니다. 함께 정해진 것이 없는 재료가 있다면 아이가 직접 어떤 소원을 위해 재료에 의미를 부여할 수 있게 해 주세요.

다음과 같이 질문할 수 있습니다.

- 자연물 만다라를 만드는 과정은 어땠어? 처음 시작할 때, 어느정도 진행이 되었을 때, 그리고 마무리를 하고 다 끝나고 나서 각각 어떤 기분이 들었어?
- 네가 만든 만다라 안에서 살아보는 것을 상상해 볼까? 여기서 살면 어떨 것 같아? 어떤 기분일까?
- 우리는 재료들을 놓으면서 여러 가지 소원을 빌었어. 그 소원을 빌었을 때 어떤 기분이 들었어? 어떤 소원이 너에게 가장 이루어지기를 바라고, 가장 소중한 기분이 들까?

- 어제 만든 만다라가 하루 지나고 나니까 조금 달라진 것을 발견했어. 어떤 기분이 들었어? 너의 삶에서 조금씩 이렇게 만다라처럼 변화하고 있는 것들에는 어떤 것들이 있을까? 아주 작은 변화라도 좋아. 하나씩 찾아보자.

Chapter 3. 자르기와 붙이기

자르고 붙이는 재미있는 작업을 할 시간입니다. 이 활동은 스트레스를 받지 않고 부담 없이 참여할 수 있는 활동입니다. 아이 중에서 특히 다른 아이와 자신의 그림 실력을 비교하거나 다른 사람의 시선을 의식하는 아이들에게 그림에 대한 부담을 덜어주기에도 효과적입니다. 잡지, 신문지, 다양한 전단지, 더 이상 쓰지 않는 책 등 다양하게 자를 수 있는 사진을 가져와서 재료로 제공할 수 있습니다. 아이에게는 원하는 대로 자유롭게 사진들을 잘라서 재조합하고, 최종적으로 '여기에 붙여야겠다'는 결심하기 전까지 원하는 대로 계속 위치도, 구성 이미지도 변할 수 있다고 알려 주세요. 이렇게 자르고 붙이는 작업은 참 쉽습니다. 그러나 자르고 붙이기 활동은 미술에 자신감 없거나, 자신이 무언가 표현한 것을 공유하는 것을 부끄러워하거나, 완벽주의적인 아이만을 위한 작업이 아닙니다.

어떤 이미지를 선택하고 오려낼지, 어떻게 배열해 나갈지 고민해 보면, 아이들은 하나의 과제에 접근하는 방법이 여러 가지가 있다는 것을 실시간으로 알게 될 것입니다. 다양하게 사고하는 과정은 아이들이 확장적 사고를 발전시키고 창의적 문제해결 능력을 강화시켜 줍니다. 오리고 붙이는 작업은 계획을 필요로 하고, 정리하는 과정이 포함되며, 붙이면 떼기 힘들기에 미리 생각하는 등 복합적인 사고 능력을 활성화합니다. 미술을 통해 이러한 기술을 연습하면서 방 청소나 놀이 계획과 같은 생활 속의 과제를 체계적으로 관리할 수 있는 능력도 동시에 향상됩니다. 아이의 두뇌 발달 효과를 좀 더 높이기 위해서는 작업을 훌륭히 끝마칠 경우, 아이가 좋아하는 것으로 보상을 제공하는 것도 좋은 방법입니다. 이 챕터에서는 다양한 활동을 통해 아이가 자신의 가족과 가족 구성원의 강점을 발견할 것이고, 작업을 통해 좌절감을 극복하는 방법을 학습해 나갈 것입니다. 아이는 무궁무진

한 감정의 바다를 탐험하는 활동을 하기도 하고, 자신의 숨겨진 잠재력을 발견하는 등의 활동을 할 수 있습니다.

참고

이 챕터에 포함된 많은 활동은 가위를 필요로 합니다. 어른이 옆에서 감독하거나 아동용 안전 가위를 제공해야 합니다. 풀을 사용하는 활동을 할 때에는 테이블이나 바닥에 풀이 묻지 않도록 미리 무언가를 깔고 시작해 주세요. 그러면 모두가 편안하게 이 시간을 즐길 수 있습니다. 자, 시작합니다!

우리 가족계획 붙이기 Family Future Collage

소요시간 25분

우리 가족 또는 아이의 미래에 대한 공동의 비전을 만들기 위해 팀을 짜 주세요. 여름방학의 물놀이 계획을 세울 수도 있고, 새로운 학기 목표를 설정할 수도 있습니다. 시기적인 목표가 아니더라도 아이와 가족에게 중요한 목표를 함께 정하고 공통된 관심사와 가치를 발견하는 시간입니다. 아이들은 팀을 만들어서 미래의 목표를 조율해 가는 과정에서 자신의 생각을 전달하고 다른 사람의 의견을 경청하고, 의사 결정에 대한 협업 등 팀플레이를 위한 기술을 익혀 나가게 됩니다. 그러나 아이들은 지금 하고 있는 활동이 이러한 점들을 성장시키는 활동이라는 것을 알아차리지는 못할 것입니다. 그냥 재미있게 놀이처럼 참여하기만 하면 됩니다.

재료: 잡지, 가위, 우드락(또는 4절 도화지), 접착제

1. 다 같이 다가올 방학이나 가족 누군가의 생일, 명절, 연휴, 연말 또는 다른 특정 시기를 어떻게 보내고 싶은지 브레인스토밍을 해 봅니다. 아이뿐만 아니라 부모, 형제자매 등 다른 가족 구성원들이 함께할 수 있다면 참여하는 것이 좋습니다.
2. 다 같이 자신이 생각하는 중요한 것에 대해 이야기를 나눠 주세요. 각자의 가치관, 여가 시간을 보내는 방법, 또는 함께 일하는 방법 등 우리 가족의 희망과 목표를 나타내는 이미지와 단어를 잡지에서 함께 찾아보세요.

3. 아이를 포함하여 다른 참여한 가족들에게 잡지에 등장한 이미지나 단어를 오려 달라고 요청합니다.
4. 우드락에 오려낸 조각들을 함께 어떻게 배열할지 상의하면서 붙여봅니다. 다양한 옵션을 시도해보세요. 가족마다 섹션을 나누어서 붙여볼까? 아니면 비슷한 주제의 이미지를 함께 그루핑 해서 붙여볼까?
5. 이제 모든 것이 결정되었다면 풀로 붙여봅니다. 다 함께 만든 콜라주 작품을 공동으로 사용하는 공간에 전시해 주세요.
6. 모든 가족이 함께 다시 생각을 나누어 봅니다. 우리 가족 콜라주 전체를 하나의 단어로 요약해 본다면 어떤 주제가 가장 중요하게 보일까? 즐거운 시간, 용기 있는 도전, 균형 있는 삶, 또는 배우는 것과 같은 콜라주의 주요 주제를 요약하는 하나의 단어를 함께 선택해 보세요. 이 특별한 단어로 한 해의 계획을 세울 수 있습니다.

TIP

아이들이 좋아하는 그림이나 비현실적인 목표를 묘사하는 그림을 선택해도 좋습니다. 이런 과정을 통해 더 넓은 의미를 찾아볼 수도 있거든요. “이 그림은 네가 우리 가족에게 무엇을 바라고 있다는 것을 말해 주는 걸까?”라고 물을 수 있습니다.

동물 가족 토템폴 Family Pillars

소요시간 20분

북미 태평양 북서부의 원주민들은 조상님들의 힘을 잊지 않고 기리기 위해서 나무 기둥에 다양한 상징물들을 조각해 놓았습니다. 일반적으로 강력하고 상징적인 동물들이 나무 기둥에 표현되어 있습니다. 토템은 특정 집단이나 인물에게 종교적으로 연결시킬 수 있었던 야생 동물이나 식물 등의 상징을 의미합니다. 이 활동 역시 토템을 기반으로 한 활동으로 아이가 자신의 문화와 가족의 강점을 기리기위해서 상징적인 기둥을 만들 것입니다. 아이들은 이 과정에서 자신이 어떤 큰 무언가에 소속되어 있다는 느낌을 경험하게 될 것입니다. 아이가 조금 의기소침해 있거나 조금 응원이 필요한 상황이라면 가족 토렘 기둥을 사용하여 가족으로부터 물려받은 강점들을 기억할 수 있도록 도와주세요.

재료: 색종이, 색칠 도구, 가위, 풀, 휴지심(화장실 휴지의 휴지심은 작은 기둥을, 키친 타올 휴지심은 큰 기둥을 만들 수 있음)

1. 온라인에서 '토템 폴'을 검색한 후 아이에게 사진을 보여 줍니다. 아이는 사진들을 보면서 다양한 토템 폴의 모습들을 관찰할 수 있습니다. 조각된 동물들이 용기, 리더십, 지혜, 창의력, 또는 배려와 같은 조상의 강점을 어떤 식으로 표현했는지에 대해 아이가 이야기할 수 있도록 해 주세요.
2. 우리 가족에게 있는, 혹은 물려받아서 내려오고 있는 어떤 문화나 특성에 대해 토론합니다. 이때 가족 구성원들에게 모여서 자신이 가지고 있는 강점을 같이

찾아보는 것도 좋은 방법입니다. 그리고 이런 장점 중 부모님으로부터 물려받은 장점을 찾아볼 수도 있습니다. 아이에게 다음과 같이 질문할 수 있습니다. "자, 이런 다양한 강점 요소들을 만약 어떤 동물로 표현해 본다면 무엇으로 표현하면 좋을까?" "어떤 동물들이 그러한 강점을 상징할 수 있을까?"

3. 2~4마리의 동물을 선택하도록 한 후, 그림으로 그리고 오려내도록 합니다. 몸통의 경우 아주 간단한 형태로 그리도록 해 주세요. 동물의 얼굴이나 몸에 사용되는 눈, 부리, 날개 등의 모양을 자릅니다.
4. 동물 몸통에 디테일과 장식을 붙이도록 해 주세요.
5. 색종이를 휴지심에 둘러서 붙여 주세요. 아이가 다채로운 표현을 원할 경우에는 오일파스텔이나 물감으로 휴지심에 색을 먼저 칠하고 말릴 수도 있습니다. 기둥이 완성되었다면 그 위에 동물들을 하나씩 쌓아 붙입니다.
6. 아이가 표현한 가족이나 문화적인 강점을 함께 이야기 나눠 주세요. 이제 기둥에 우리 가족과 아이의 강점을 적을 수 있도록 도와주세요.

TIP

아이가 무언가를 어려워하고 있거나 실망하고 있다면, 아이에게 가족 토템폴을 언급하며 스스로 자신의 강점을 상기시킬 수 있도록 도와주세요. 각 동물이 어떻게 행동할지 또는 어떻게 말할 수 있는지도 물어 보세요. "이 상황에서 가장 도움이 될 것 같은 동물은 누구일까?"

장점 조각을 연결해요 Likeable Links

소요 시간 15분

상대방의 좋은 측면을 알아봐 주는 것은 관계에서의 갈등을 원만하게 해결해 나가는 아주 중요한 열쇠입니다. 만약 우리가 화가 난 상황이라고 가정하더라도, 이때 상대방의 긍정적인 면을 보려고 노력한다면 상대방을 비난하기 위해 집착하는 확률이 줄어들 수 있겠죠. 내가 호의적인 태도를 취하면 상대방도 경계를 낮출 가능성이 높아지고 문제를 해결할 기회를 만들어 내는 것이 더 쉬워질 수 있습니다. 아이는 사랑하는 가족이나 친구와 다투거나 갈등을 일으킬 수 있습니다. 그때 좋은 관계 만들기 프로그램을 통해 갈등을 해소해 나갈 수 있도록 도와주세요.

재료: 색지, 가위, 필기구, 테이프

1. 이 활동을 아이들끼리와 함께 시작하거나 형제자매 간에 시작할 때는 지금 우리에게 일어난 '문제' 그 자체에 대해 곧바로 이야기하지 말아 주세요. 대신 "우리 함께 뭔가 해 보자." 또는 "네게 보여줄 것이 있어."라고 말해 경계심을 줄일 수 있습니다.
2. 아이들에게 3–5cm 너비로 긴 색지를 자르도록 해 주세요.
3. 상대방의 좋은 점, 마음에 드는 점을 각각의 종이 조각마다 하나씩 적도록 합니다. 많이 적을수록 좋아요. 적어도 다섯 개는 작성하도록 합니다. 글쓰는 것을 어려워 하거나 생각을 잘 정리하지 못할 때에는 브레인스토밍 하는 것을 도

와줍니다.

4. 종이 조각을 원형으로 말아 양 끝을 테이프로 붙이는 시범을 보여 줍니다. 다음 긴 색지를 원에 끼워 넣고 다시 양쪽 끝을 테이프로 붙여 두 개의 조각이 연결되도록 해 주세요.
5. 모든 조각들을 연결한 후, 돌아가면서 상대방의 좋은 점을 읽어줍니다.
6. 마지막 연결 고리로 두 아이의 종이 체인을 연결합니다.

TIP

아이들이 짝을 이루어 작업할 준비가 되어 있다면, 의도적으로 가위나 테이프를 하나만 준비해 주세요. 아이들이 재료가 필요하다고 요청하고 자신의 차례를 참을성 있게 기다리는 것, 그리고 함께 나누어 쓰면서 서로에게 배려해 주는 것들을 연습하게 할 수 있습니다.

동물 합체! Animal Amalgamations

소요시간 15분

우리는 한 명의 사람이지만 우리 안에는 서로 다른 모습들을 정말 많이 가지고 있습니다. 예를 들어, 아이가 수줍은 모습을 보이지만 동시에 외향적인 부분도 가지고 있을 수 있고, 진지한 모습과 유쾌하고 재미있는 모습을 동시에 가질 수도 있습니다. 어떤 부분은 너무나도 상반된 느낌이라 한 사람 안에 두 가지가 모두 존재한다는 것이 불가능해 보일 때도 있을 정도입니다. 중요한 것은 이런 상반된 모습들이 분명히 존재하며 이 존재를 수용하는 것 역시 아이가 스스로의 모습을 알아가는 데 있어서 매우 중요하다는 것입니다. 이 활동을 통해 아이는 자신 안에 존재하는 다양한 모습들이 상황에 따라 잘 사용되는 것이 필요하다는 것을 배울 것이고, 이렇게 상반되는 특성을 가지는 것 역시 살아가는 데 있어서 유용한 것이라는 것을 알게 될 것입니다. 그리고 이 다양한 모습들을 어떻게 현명하게 사용할 수 있는지에 대한 방법을 발견하는 시간을 가질 것입니다.

재료: 동물 사진(잡지나 프린트 인쇄물), 가위, 종이, 풀

1. 아이에게 우리 모두는 각기 다른 상황에서 도움이 되는 성격의 여러 가지 모습들을 가지고 있다고 설명해 주세요. 집요한 모습과 덜렁대는 모습도 한 아이에게 존재하며 이 중 어느 하나가 좋은 것이고, 어느 하나는 나쁜 것이 아님을 알려 주세요. 아이가 가지고 있는 가장 바보 같은 모습과 진지한 모습에 대해 먼저 이야기하는 시간을 가집니다. 아이는 언제 그런 모습이 튀어 나오나요? 그

런 모습이 언제는 어떻게 도움이 되나요? 도움이 되지 않을 때는 언제인가요? 바보 같은 모습과 진지한 모습을 동시에 사용할 수 있는 때가 있나요?

2. 다른 동물의 다양한 부분들을 조합하여 나만의 발명품을 만들 것이라고 설명해 주세요.
3. 함께 동물 사진을 찾아봅니다. 다양한 동물의 특징들이 여러 상황에서 어떻게 도움이 되는지 논의해 보세요. 꾀를 잘 부리는 모습, 온순한 모습, 불같이 화를 내는 모습, 느릿느릿한 모습 등 다양한 동물의 특성들이 있습니다.
4. 다양한 동물의 신체 부분과 특징들을 오리도록 해 주세요.
5. 오려낸 동물을 새롭게 하나의 동물로 만들기 위해 다양한 방법으로 이리저리 놓아가며 배열을 구상할 수 있도록 해 주세요.
6. 동물이 완성되었다면 아이에게 새롭게 태어난 동물을 위한 환경을 추가적으로 그리도록 해 주세요.

TIP

새롭게 만들어진 동물의 특징을 설명해 주세요. 어떻게 하면 새로운 동물이 적절한 특성을 적절한 시기에 사용할 수 있을지 아이와 상의해 보는 것을 추천합니다. 환경이 바뀔 때마다 다른 특성들을 사용해야겠죠. 어떤 특성이 유용할까요? 상황에 맞지 않는 특성을 사용하면 어떤 일이 일어날까요?

완전 불완전 Perfectly Imperfect Picture

소요시간 20분

세상에 완벽한 사람은 아무도 없습니다. 그럼에도 어떤 사람들은 자신이 완벽하게 되기 위해 정말 최선을 다하고 있죠. 완벽함을 추구하는 것이 꼭 나쁜 것만은 아닙니다. 주의 깊게 행동하는 것은 많은 상황에서 도움이 되는 강점이니까요. 직업윤리를 강하게 가지는 것도 길게 보았을 때 당연히 좋은 것입니다. 그러나 모든 것을 완벽하게 조절하고 싶어 하는 것, 스스로를 완벽하게 통제하려는 시도는 좌절감, 불안감, 심지어는 자책감으로 이어질 수도 있습니다. 이럴 때에는 완벽하지 않아도 괜찮다는 훈련이 필요하기도 합니다. 아이가 세운 기대치가 너무 높은데 스스로 기대치를 낮추는 것을 어려워하거나, 불완전한 상황을 견디는 것을 너무나도 힘들어 할 경우, '완벽하게 불완전한 그림'을 만들어 완벽하지 않은 과정과 상황을 '괜찮은 것'으로 인식하는 방법을 연습할 수 있습니다.

재료: 색칠 도안 종이(또는 온라인 인쇄물), 색종이, 풀

1. 색칠놀이 책이 있다면, 아이가 책에서 간단한 도안을 선택하게 할 수도 있고, 온라인에서 '간단한 컬러링 도안'을 검색해서 원하는 도안을 찾도록 할 수도 있습니다.
2. 아이에게 작은 색종이 조각을 찢어 붙여서 그림을 칠할 것이라고 설명합니다. 이번 시간에 가위는 사용하지 않습니다.
3. 다양한 찢는 방식으로 도안을 채워나갈 수 있도록 해 주세요. 찢는 속도를 천

천히 혹은 빠르게, 조각의 크기를 작게 혹은 크게, 모양을 직선적으로 혹은 기하학적으로, 다양한 방식을 도전하도록 응원해줍니다.

4. 찢은 종이 조각들을 붙여 도안을 '색칠' 하는 것이라고 설명해 주세요. 조각을 미리 배열해 놓을 수도 있고, 그때 그때 진행하면서 풀로 붙일 수도 있습니다.
5. 색칠이 끝나면 완성된 작품 이미지에 대해 어떻게 생각하는지 물어 봅니다. 마음에 들어할 수도 있고, 마음에 들지 않을 수도 있습니다. 아이의 대답에 호기심을 더 가져 주세요. "어떤 점이 마음에 들고 어떤 점이 마음에 들지 않았을까? 네가 그렇게 생각한 이유는 뭐야?" 미술에 있어서 '완벽한 것' 그리고 '불완전한 것'이 어떤 의미인지 아이와 토론하는 시간을 가져 주세요.
6. 완벽함 혹은 불완전함에 관한 명언이나 인용문을 함께 적는 것을 추천합니다. 평소에 알고 있던 문장이 있다면 활용할 수도 있고, 온라인에서 함께 검색하면서 마음에 드는 문장을 찾을 수도 있습니다.

TIP

도안을 칠하는 컬러링 페이지는 일부 아이들에게 도움이 되는 유용한 구조를 제공하기도 합니다. 그와 반대로 제한된 영역 안에서만 작업하는 것이 너무 어렵고 답답하다고 느끼는 아이들도 있을 수 있습니다. 그럴 경우, 빈 종이 위에 자신만의 이미지를 만드는 것도 좋은 방법입니다.

다음은 완전함에 관련된 명언의 예시입니다.

“끊임없이 발전하는 것이 미루는 완벽보다 더 낫다.” –마크 트웨인

“진정한 발견을 하는 여행이란 새로운 풍경을 보는 것이 아니라 새로운 눈을 갖는 것이다.” –마르셀 프루스트

“탁월함을 위해 노력하는 것은 동기를 부여해 주지만 완벽함을 위해 노력하는 것은 사기를 꺾는 것이다.” – 헤리엇 브레이커

“우리의 불완전함이 서로에게 완벽함을 만들어준다.” – 제인 오스틴

“완벽하게 되지 못하는 것에 대해 두려워하지 마라. 왜냐하면 그것은 절대 도달할 수 없는 목표이니 말이다.” –살바도르 달리

반창고 친구들 Band-Aid Buddies

소요시간 15분

반창고는 상처를 보호해 주는 역할을 하는 물건이지만, 우리의 기분을 더 나아지게 만드는 역할도 합니다. 사실 반창고를 붙일 필요가 없는 아주 작은 부상이라 하더라도 반창고를 붙이면 신체적 통증과 정서적 고통을 모두 진정시킬 수 있다고 합니다. 일반적으로 성인이 되면서 스스로 치유할 수 있는 능력을 가지고 있다고 이야기되지만, 어린아이들도 스스로를 치유할 수 있는 힘을 분명하게 가지고 있습니다. 병원 가는 것을 무서워하는 아이, 신체적 부상을 입은 후 회복 중 이거나 정서적인 상처를 가지고 있는 아이에게 반창고 친구들을 만들어 주세요. 아이의 치유 과정은 마음속에서부터 시작됩니다.

재료: 반창고, 색종이, 마커, 가위, 풀(선택사항)

1. 아이가 흥미를 가지고 집중할 수 있도록 관심을 불러 일으킬 수 있는 이야기로 시작을 해 봅니다. "우리 오늘은 완전하게 새로운 재료로 미술작업을 해 볼거야. 우리 같이 만들어 보자!"
2. 반창고를 보여주고, 눈 앞의 반창고를 몸통으로 사용하여 새로운 캐릭터를 만들 것이라고 설명해 주세요.
3. 치유적 힘을 높이기 위해, 아이들에게 다친 부분을 상징하는 그림을 그릴 수 있도록 해 주세요. 예를 들어, 슬픈 얼굴을 그릴 수도 있고, 상처입은 마음을 표현할 수도 있고, 몸이 아픈 아이들은 체온계나 약 등을 그림에 추가적으로 그

릴 수 있습니다.

4. 이제 종이의 '아픈 곳'에 반창고를 직접 붙이도록 해 주세요. 그리고 이 반창고를 캐릭터로 변신시킵니다. 팔, 다리, 얼굴, 그리고 그 밖의 특징을 추가하여 캐릭터로 그리는 방법을 시범으로 보여 주세요. 종이를 팔이나 다리 모양으로 오려낸 조각을 사용할 수도 있고, 마커와 같은 드로잉 재료들로 팔이나 다리를 직접 그려줄 수도 있습니다.
5. 아이가 창의적인 작업을 하고 싶어 하면 응원하고 격려해 주세요. 반창고 대신 외계인이나, 동물, 또는 꽃을 만들고 싶다고 하면 그렇게 진행해도 괜찮습니다. 아이의 다친 부위를 치유해 줄 수 있는 캐릭터라면 어떤 모습이든 좋습니다. 다 그리고 나서 주변 환경을 추가해서 그릴 수 있도록 해 주세요.
6. 반창고 친구들이 다른 사람을 돕기 위해 어떤 말을 할지에 대해 이야기해 보세요. 말풍선을 그려서 직접 채워 넣을 수도 있습니다. 반창고 친구들이 남들을 더 잘 치유하기 위해 무엇이 필요할까요?

TIP

마스크, 혀 압착기, 고무장갑과 같은 다른 의료용품을 사용하여 이 활동을 진행할 수 있습니다. 병원을 무서워 하는 아이가 치과예약이나 병원 예약이 있을 때 병원 도구들에게 친숙함을 느끼고 도구들에 대한 통제감을 느끼도록 하기 위함입니다.

내가 아는 나, 남이 아는 나 Inside-Outside Masks

소요시간 20분

다른 사람들 앞에서 괜찮은 척하는 것은 힘든 시간이 지나가게 하는 데 도움이 될 수는 있습니다. 그러나 그렇게 숨겨진 감정과 생각을 그대로 방치해서는 안 됩니다. 이들에게도 애정 어린 관심이 필요하거든요. '내가 아는 나, 남이 아는 나'는 자신을 외부에 표현하는 방법에 대해 탐구하면서, 동시에 내면에 간직하고 있는 것들을 함께 탐구할 수 있는 미술치료 활동입니다. 아이와 함께 이 활동을 하면서 아이들이, 그리고 부모님들도 어떤 가면을 쓰고 있는지 알아보고, 그리고 그 반대편에 무엇이 숨겨져 있는지도 함께 발견해 볼게요.

재료: 종이(어떤 종류든지 가능), 연필, 잡지, 가위, 풀

1. 감정을 감춘다는 것이 무엇을 의미하는지에 대해 토론해 주세요. 긴장하고 있으면서도 괜찮은 척하게 되는 것은 언제일까? 또는 슬픈 감정을 느낄 때 화난 것처럼 보이는 것은 언제일까?
2. 큰 타원을 스케치하고 두 개의 눈구멍을 그려서 기본 가면을 만들어 주세요. 인쇄가 가능하다면 온라인에서 '빈 가면 템플릿'이라고 검색한 후 인쇄해도 좋습니다. 자르는 과정은 아이가 할 수 있도록 해 주세요.
3. 겉으로 보여지는 행동과 그 때의 속마음이 달랐던 때를 생각해 보도록 합니다. 쉽게 찾기 어려워 한다면 부모의 입장에서 그렇게 행동하고 느꼈던 자신의 경험을 공유할 수도 있습니다. 아이가 설명을 이해하고 스스로의 경험에서 이야

기들을 찾아 나서도록 해 주세요.

4. 잡지 사진(혹은 그림)과 단어를 오려서 다른 사람들에게 어떻게 보였는지 표현하도록 도와주세요. 아이에게 가면에 자신이 오려낸 부분을 직접 배치하고 붙이도록 합니다.
5. 그때 느꼈던 숨겨진 감정과 생각을 나타내는 그림과 단어를 찾도록 해 주세요.
6. 가면의 반대쪽에 이것들을 배치하고 붙이도록 합니다.

TIP

어린아이들은 감정을 나타내는 과정에서 잡지 이미지가 너무 추상적이거나 혼란스러워 부담스러움을 느낄 수 있습니다. 그럴 경우에는 다양한 얼굴표정 이미지나 이모지 등을 제공하여 좀 더 쉽게 만들도록 할 수 있습니다.

포스트잇 퍼레이드 Post-it Parade

소요시간 20분

"방 정리해." "숙제해." 이것들은 어른들이 아이들에게 쉽게 하는 지시들입니다. 그러나 어른들에게는 아주 간단해 보이는 이 한 문장이 아이들에게는 꽤나 부담스러울 수 있습니다. 이러한 과제는 복잡한 기억력, 우선순위 설정, 조직화 및 주의력 기술 등을 필요로 하는데, 아이들의 뇌는 초기 성인이 될 때까지 온전히 발달하지 못하기에 아이들에게는 이런 능력이 부족합니다. 포스트잇 퍼레이드는 아이들에게 해야 할 일이 주어졌을 때 집중력을 올리고 유지될 수 있도록 돕는 프로그램입니다. 아이가 기대만큼 따라오기를 바라는 조급한 마음을 조금은 줄이고 아이들이 퍼레이드 라인업을 만들면서 스스로를 통제할 수 있도록 기다려 주세요.

재료: 포스트잇 크기별로, 필기 도구, 종이, 테이프

1. 아이에게 정리가 필요한 것들이 무엇인지 찾아봅니다. 잠자는 시간, 숙제하기, 정리하기 등이 있을 수 있습니다.
2. 큰 목표를 먼저 정하고, 큰 목표에 수반된 작은 과제들도 함께 찾아봅니다. 예를 들어, 잠자는 시간에는 그전에 필요한 목욕하기, 잠옷 갈아입기, 양치질 하기 등이 작은 과제로 포함될 수 있습니다. 별도의 포스트잇에 작은 과제를 나타내는 내용을 쓰거나 상징적인 기호로 그립니다.
3. 아이에게 무작위로 작은 과제 포스트잇을 하나의 종이 위에 붙이도록 합니다.

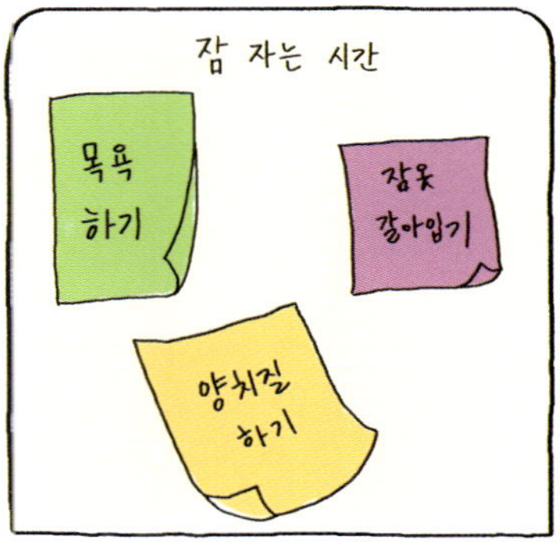

그 후, 포스트잇이 가득 붙은 종이를 잘 보이는 곳에 테이프로 붙입니다.

4. 이제 아이는 포스트잇 퍼레이드의 사회자가 됩니다. 아이는 '출연자'를 발표하고 소개하는 역할을 맡았습니다. 출연자는 아이의 큰 목표입니다. 아이에게 첫번째 퍼레이드를 선택하도록 합니다. 그럼 아이는 큰 목표 아래에 연결되는 작은 과제 포스트잇을 움직여 퍼레이드 라인업을 시작합니다.
5. 아이가 첫 번째 출연자를 완성시키면(첫번째 큰 목표를 정리하면), 다음 출연자를 발표하도록 합니다. 또 다른 포스트잇 퍼레이드 라인업에 옮겨서 두 번째 출연자의 라인업도 완성합니다.
6. 모든 포스트잇들이 정렬될 때까지 이 과정을 계속합니다.

TIP

추가적으로 작업할 시간이 있다면, '10분 놀이 시간', '간식 먹기', '5분 게임하기'과 같은 보너스 포스트잇을 추가할 수 있도록 해 주세요. 필요한 경우 작은과제 사이에 휴식을 넣을 수도 있습니다.

시간 여행 팝업 Time Travel Pop-Up

소요시간 5분

시간 여행 팝업 프로그램에 참여함으로써 아이는 미래의 어느 시점으로 시간 여행을 하는 상상을 하게 됩니다. 물론 실제로 아이가 시간여행을 하는 일은 일어날 수 없겠죠. 그러나 정신적인 관점에서 현재에서 미래로 시간여행을 떠나볼 것입니다. 아이는 이 활동을 통해서 멈춰 있는 것처럼 느껴지는 지금이라는 시간이 항상 앞으로 전진해 나가고 있다는 것을 깨닫게 될 것입니다. 아이에게는 오늘이 힘든 날이 될 수 있습니다. 다만, 오늘은 이대로 멈춰 있는 것이 아니라 내일이라는 시간이 다가올 것이고, 내일은 아마도 힘들었던 오늘보다는 더 나을 것이라고 상상할 수 있습니다. 학교에 다니는 것이 버겁고 힘들다 하더라도 주말을, 혹은 여름방학의 즐거운 시간을 상상해 볼 수 있습니다. 그렇게 하면 오늘과 오늘에 소속되어 있던 힘들었던 시간들은 과거로 사라질 것입니다. 아이의 시간 관점에서 미래는 아득하고 멀게만 느껴질 수 있습니다. 그러나 그 시간은 어느새 '눈앞에' 다가올 것입니다.

재료: 색지, 가위, 마커, 풀, 그리기 도구

1. 색지를 반으로 접어 카드의 형태를 만들어줍니다. 종이를 접은 상태로 유지하세요.
2. 접혀진 쪽에 팝업 카드를 만들기 위해 가위로 칼집을 낼 것입니다. 양 끝에서 3cm 떨어진 곳부터 시작하여 두께 3cm간격으로 양쪽에 칼집을 만들어 주세요.

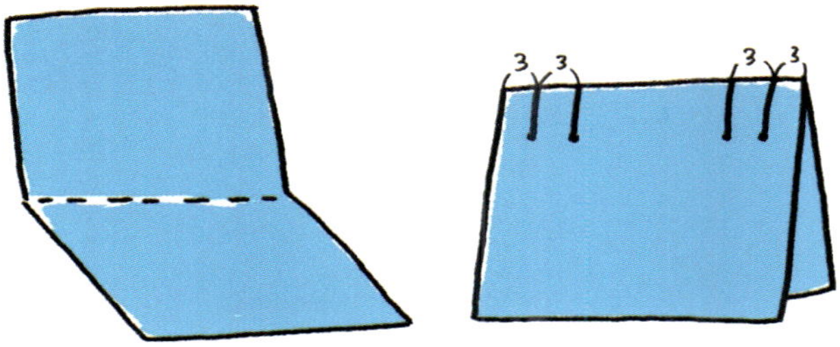

3. 카드를 열고 팝업 탭을 안쪽으로 접어 직각을 만듭니다.
4. 아이가 시간이 지나 미래에 기대하는 것이 무엇인지를 이야기합니다. 아이에게 이에 관련된 그림을 별도의 종이에 그리고, 색칠하고 오려서 탭에 붙이도록 합니다.
5. 겉면을 더 견고하게 만들고 싶다면 같은 크기의 접힌 종이 안쪽에 풀을 붙이고 조금 전 만들었던 카드를 붙여 주세요. 팝업 부분에 풀이 붙지 않도록 주의해 주세요.
6. 아이가 미래의 자신에게 보낼 메시지(예를 들어, "미래의 자신에게: 힘들었지만 너는 4학년을 잘 마무리 했어")를 쓰도록 도와줍니다.

TIP

매년 생일마다 시간 여행 팝업 카드 만들기의 의식을 할 수도 있습니다. 아이가 일주일, 한 달 또는 일 년 후에 카드를 다시 읽을 수 있도록 보관해 주세요. 달력에 표시하여 기억할 수 있도록 하는 것도 좋습니다.

로봇 메신저 Message Relay Robot

소요시간 20분

화가 나 있는 아이들에게 누군가가 말을 하는 것, 혹은 아이에게 말을 하도록 하는 것은 위험한 방법이 될 때도 있습니다. 메신저의 도움을 받으면 아이들은 누군가로부터 방해받지 않고 자신의 생각을 정리할 수 있는 시간이 생깁니다. 메신저는 아이가 상대와는 물리적 거리를 조절하면서도 감정적 친밀감을 유지할 수 있는 좋은 방법이 될 수 있습니다. 아이가 화가 나서 이야기할 준비되지 않은 경우, 미술용품을 들고 아이의 근처에 앉아 있으세요. 이것만으로도 아이의 호기심을 자극할 수 있습니다. 만약 아이가 무엇을 하고 있는지 묻는다면, "로봇을 만들고 있어. 너에게 전할 메시지가 있어."라고 답해 주세요.

재료: 빈 종이 또는 줄이 그어진 종이(어떤 종류든 가능), 가위, 마커, 그리기 도구

1. 종이를 세로로 놓고, 한쪽을 3센티 정도 폭으로 길게 잘라 주세요. 이 종이 조각은 메시지 종이가 됩니다. 따로 보관해 주세요.
2. 종이의 한가운데에 가로 5cm 세로 1cm 정도의 종이를 잘라 칸을 만들어 주세요. 가로 길이는 1번에서 자른 메시지 종이 폭 보다는 넓어야 합니다. 이것이 로봇의 입이 됩니다.
3. 마커를 사용하여 로봇의 눈, 버튼이나 다른 로봇 같은 디테일한 부분을 그려줍니다. 가능한 간단하게 하는 것이 좋습니다. 부모의 손 보다는 아이의 손으로 그리도록 유도해 주세요.

4. 1번에서 자른 메시지 종이의 아래 부분에 기호나 단어를 적습니다. "안녕"으로 시작할 수도 있고 하트를 그릴 수도 있습니다.

5. 아이에게 "로봇이 메시지를 가져왔어요."라고 말합니다. 메시지 종이를 로봇의 입에 끼우고 아이에게 뽑아보도록 합니다.

6. 이제 필기 도구를 아이에게 주고, 직접 로봇에게 메시지를 '입력'하도록 해 주세요.

TIP

만약에 아이가 메시지 종이에 낙서를 하거나, 메시지 종이를 빈칸으로 돌려 주면 함께 놀아 주세요. 로봇이 새로운 언어로 말하거나 재부팅이 필요한 것처럼 보인다고 말해 주세요. 번역이나 재부팅 버튼을 그려볼 수도 있습니다.

잠재력 초상화 Hidden Potential Portraits

소요시간 15분

세상에 존재하는 모든 것은 지금 그 자체로 머무는 것이 아니라 그 이상의 무언가가 될 수 있는 더 큰 가능성을 지니고 있습니다. 그런데 잠재력이라는 것은 눈에 보이지 않습니다. 우리는 씨앗이 식물이 될 가능성이나 수학실력이 향상될 수 있는 잠재력을 관찰할 수는 없지만, 그게 가능하다는 것은 알고 있습니다. 잠재력은 정말 많은 곳에 언제나 존재합니다. 이번 프로그램에서는 재활용품을 활용한 활동을 해 볼 것입니다. 이 활동을 통해 아이는 버려진 물건들을 새롭게 변형시켜 새로운 것으로 태어나게 하는 창조자의 역할을 합니다. 아이는 상상력, 문제 해결 능력, 노력 등을 이용하여 일상적인 물건들 속에 잠재되어 있는 가능성을 발견하게 됩니다. 그리고 그것을 통해 자신 내부에 잠재되어 있는 가능성에 대해서도 깊이 있게 생각하게 됩니다.

재료: 혼합 재활용품(예: 종이나 천 조각, 골판지, 휴지심, 종이 봉투), 거울, 마커, 가위, 풀

1. 재활용품을 모아 업사이클링 자화상을 만들 것이라고 설명해 주세요.
2. 거울을 준비하여 아이가 자신의 얼굴 특징을 살펴보도록 합니다. 아이가 관찰한 것을 기반으로 아이 얼굴의 모양, 생김새, 특징, 색상에 대해 이야기해 주세요.
3. 골판지나 종이봉투 중 하나를 골라 밑그림을 그릴 용지로 사용하도록 합니다. 그 위에 큰 타원형이나 얼굴모양을 그립니다.

4. 이제 얼굴 특징을 만들 차례입니다. 다양한 재활용품으로 모양을 그리고 오려내도록 해 주세요. 자르는 부분에서는 어른의 도움이 필요한 경우가 많습니다.
5. 세부적인 부분을 만들 때에는 창의력을 최대한 발휘하세요. 머리카락을 만들기 위해서 버리려 했던 옷의 천조각을 찢어 만들 수 있습니다. 휴지 심지를 조각으로 잘라 눈 모양으로 만들 수도 있고, 속눈썹을 만들기 위해 곡선이 있는 골판지를 활용할 수도 있습니다. 집에 가지고 있는 다양한 재활용품들과 아이의 얼굴과의 공통점을 창의적으로 찾도록 합니다.
6. 다음의 문장을 완성하는 여러 단어를 브레인스토밍 합니다: "나는 ○○○에 대한 잠재력을 가지고 있어" 문장은 여러 개가 될 수 있습니다. 아이가 글씨쓰기를 아직 어려워 한다면 초상화 주변에 단어나 문장을 적는 과정에서 도와줄 수 있습니다.

TIP

만약 아이가 자신의 잠재력을 고민하는 것이 어려워서 당황하고 있다면, 다른 예시들을 사용하여 재미있는 '잠재력 게임'을 해보세요. 아이는 다양한 예시를 통해 자신에 대한 잠재력도 찾을 수 있습니다. "이 레고는 ○○○가 될 잠재력이 있어" 또는 "양말은 ○○○가 될 잠재력이 있어"

감정바다 Emotion Ocean

소요시간 15분

감정은 파도와도 같습니다. 휘몰아 치기도 하고, 파도가 커지기도 하고 때로는 잔물결에 불과할 때도 있습니다. 어떤 순간에는 감정의 바다가 완전히 고요하여 아무런 움직임이 없을 때도 있습니다. 아이들이 이런 감정의 바다를 다루는 연습을 하지 않는다면 몰아치는 감정을 만났을 때, 파도에 휩쓸려 버릴 수도 있습니다. 그러나 연습과 훈련은 아이가 파도를 타도록 할 수도 있습니다. 이 활동은 아이가 파도 속에서 잔잔한 바다를 찾기 위해 자신만의 감정 바다를 만들도록 합니다. 파도의 크기나 강도에 상관없이 모든 감정은 결국 뭍으로 돌아온다는 사실을 기억해 주세요.

재료: 색종이, 풀, 도화지(어떤 종류든 가능), 마커

1. 긴 색종이 조각을 한 쪽 끝에서 시작해서 다른 쪽 끝으로 찢도록 합니다. 찢어낸 색종이 조각들은 파도가 될 것입니다.
2. 다양한 색상을 제공해서 창의력을 마음껏 사용할 수 있도록 해 주세요. 다양한 파도 모양을 시범으로 보여줄 수 있습니다. 직선으로 만들어진 파도, 구불 구불한 파도 등 찢는 방식에 따라 다양하게 만들집니다.

3. 5~10개의 줄기가 모이면, 이제 바다를 만들 차례입니다. 종이 위쪽에 가로로 한 조각을 붙이도록 해 주세요. 맨 위까지 붙이지는 말고, 하늘을 위한 공간은 남겨둡니다.
4. 다음 줄기를 그 아래에 수평으로 붙이되 첫번째 줄기의 일부를 덮는 방법을 아이에게 설명해 주세요. 한 줄기가 다른 줄기 뒤에 있는 것처럼 보일 것입니다.
5. 이 과정을 반복하여 색종이 파도가 페이지의 하단에 도달할 때까지 계속합니다.
6. 아이에게 마커를 사용하여 하늘에 색상과 디테일을 추가하도록 합니다.

TIP

아이의 하루 중 감정의 파도가 일어난 것은 언제였는지, 또 어떤 감정의 파도가 일었는지 이야기를 나눠 주세요. 잔잔한 감정, 물결치는 감정, 고르지 못한 감정이 아이에게 언제 어떻게 왔다 갔는지도 질문해 봅니다. 아이에게 오늘의 감정이나 사건을 라벨에 적어 파도에 붙이도록 해 주세요.

색종이 파티 Confetti Calm Down

소요시간 20분

가끔은 우리 머리 속에 떠오르는 생각들에 대처하기에 앞서 우리의 몸 안에서 느껴지는 에너지와 욕구에 먼저 주의를 기울일 필요가 있습니다. 아이들이 화가 나거나 걱정에 휩싸이면 뛰거나 주먹질하거나 발로 차고 싶은 충동에 휩싸이게 됩니다. 어른들의 시선에서는 부정적으로 보일 수 있으나, 아이들의 공격적인 충동은 자신을 보호하는 에너지에 근거하고 있습니다. 초기 인류는 자신에게 위험이 다가왔을 때, 위험으로 부터 싸우거나 도망치는 등 빠르게 대처해야 했습니다. 30만 년 전 인류의 조상들이 눈 앞에 호랑이가 나타났을 때, 실제로 이 호랑이가 배고플지 아닐지를 생각하고 있었다면 아마도 인류는 살아남을 수 없었을 것입니다. 우리의 조상들은 호랑이를 발견하자마자 즉시 도망가는 행동을 취했거든요.

이러한 본능은 예전에는 도움이 되었지만, 오늘날 우리에게는 거의 필요하지 않습니다. 아이가 스트레스나 분노를 느낄 때마다 어디론가 뛰거나 누군가를 때린다면 이것은 문제가 될 것입니다. 그러나 우리 아이가 문제가 있다고 걱정할 것이 아니라, 아이들이 이러한 충동을 가지는 이유를 알고 이해하면 어떻게 아이를 빠르게 진정시킬 수 있을지에 대한 중요한 단서를 얻을 수 있습니다. 여기에서 소개되는 활동(Confetti Calm Down)은 스트레스 상황에서 사용할 수 있는 심리적 기법으로 손에 알록달록한 종이조각을 쥐고 있으면서 조용하게 숨을 들이 마쉬고 내쉬며 조각들을 하나씩 떨어뜨리는 것입니다. 이 과정에서 종이조각이 떨어지는 모습을 지켜보며 마치 파티나 축제의 분위기를 상상하면서 긴장이 풀리고 안정감을 느끼게 됩니다. 이번 활동을 통해 아이가 감정 에너지를 신나게 방출하도록 도와주세요. 아이는 몸의 긴장을 내려놓고 더 이상 내가 맞서 싸워야 할 호랑이가 없다는 사실을 인지하게 될 것입니다.

재료: 색종이, 물풀, 붓, 도화지

1. 아이가 화나거나 흥분하거나 에너지가 넘칠 때, 색종이 조각을 찢는 모습을 보여 주세요. 아이가 직접 찢도록 권하고 조각을 더 작게 찢어봅니다.
2. 이 활동을 모두 하기 위해서는 모든 색종이 조각이 필요하다고 설명하고, 찢은 종이조각들을 근처에 두도록 합니다.

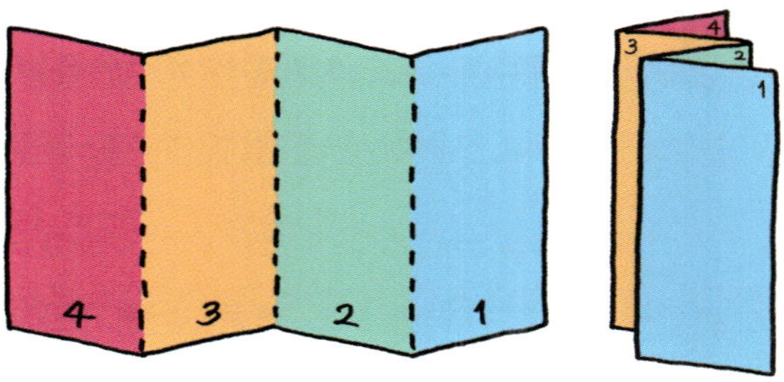

3. 종이를 아코디언 접기로 접도록 해 주세요. 종이를 찢어보세요. 어떻게 되나요?
4. 색종이 조각이 쌓이면, 아이에게 도화지 전체에 물풀을 칠해보라고 합니다. 물풀이 바로 마르지 않을 정도로 충분히 두꺼운지 확인하세요. 끈적이는 손을 닦아 주세요.
5. 잘게 찢어진 색종이를 한줌 가져와서 풀로 젖은 종이에 던져보라고 합니다. 잘 달라붙는지 확인하고, 잘 붙는다면 이 과정을 반복합니다.
6. 다양하게 실험할 수 있도록 도와주세요. 뒤로 물러서서 던질 수도 있고, 아주 가까이에 다가가서 던질 수도 있고, 손목을 튕겨가며 던질 수도 있고, 팔을 흔

들면서 던질 수도 있습니다.

7. 찢어 놓은 색종이가 다 떨어지거나 아이가 '다 했다'고 할 때까지 계속 합니다.
8. 종이를 건조할 수 있는 곳에 놓아 주세요.
9. 남은 색종이 조각을 함께 정리합니다.

TIP

스트레스를 유발하는 모든 환경에서 이 활동을 할 수는 없습니다. 학교와 같은 환경에서는 종이를 찢거나 던지는 행위는 허용되지 않으니까요. 손을 꽉 쥐거나 종이 비틀기 등 교실에서 사용할 수 있는 동작이 크지 않은 우리만의 약속을 상의하여 만들어 주세요(예: 손에 색종이를 꽉 쥐는 것은 '지금은 너무 흥분하지 말자'라는 뜻).

다음과 같이 질문할 수 있습니다.

- 색종이를 붙이는 가장 효과적인 동작은 무엇이었어? 잘 되지 않았다면 어떤 문제가 있었어?
- 어떤 움직임이 너의 몸을 가장 기분 좋게 만들었어? 찢기, 던지기, 튕기기? 이 활동을 시작하기 전, 활동을 하는 중간에, 그리고 활동이 모두 끝난 이후에 기분이 어땠어? 달라진 점이 혹시 있을까?
- 너를 화나게 하는 것이 무엇인지 말해줄래?

도전! 고난이도 종이접기 Fantastically Frustrating Folds

소요시간 15분

아이와 평소에 종이접기를 자주 하는 편인가요? 종이접기는 무언가 자유롭게 그릴 수 있는 개방형 미술활동과는 달리, 해야 하는 것과 따라야 하는 규칙이 정해진 구조화된 활동입니다. 단계별 지시를 따르고 집중하는 기술을 키우기 때문에 지시에 따르는 것과 집중하는 능력을 강화할 수 있습니다. 또한, 좌절하는 것에 대한 연습을 하기에도 좋습니다. 좌절의 기술을 훈련하는 것은 이상하게 들릴 수 있지만, 인내심과 꾸준함을 기르는 데 중요합니다. 결국 삶에서는 좌절감을 느끼게 마련이니 아이가 이를 어떻게 다루는지 배울 수 있도록 도울 수 있다는 의미입니다.

종이접기는 난이도가 확실하고 다양하기에, 좌절감을 연습하기에 이상적입니다. 아이가 도전할 수 있을까 싶을 정도로 어렵지만, 또 완전히 불가능할 정도로 어렵지는 않은 종이접기도 꽤 많습니다. 아이가 도전 과제를 수행하면서 느끼는 감정과 생각을 다루는 능력이 향상될수록, 언제 밀어붙이고, 계획을 바꾸고, 난이도를 조정하고, 한 발 물러나야 하는지를 더 잘 알게 될 것입니다. 같은 종이접기를 여러 번 만들다 보면 점점 익숙해지고 늘어가는 고습을 보며 아이들은 성취감과 기쁨을 느끼기도 합니다.

재료: 색종이, 가위(일반 크기의 종이를 정사각형으로 자르기 위한 용도), 종이접기 설명서(추가 선택사항)

1. 종이접기는 좀 짜증나는 부분이 있지만 꽤 재미있을 수 있다고 설명해 주세요. "네가 종이접기를 하면서 혹시 힘들다고 느끼는지, 느끼게 된다면 얼마나 느끼는지 같이 해보자. 더 쉬운 종이접기를 찾을 수도 있고, 더 어려운 종이접기 모양을 찾을 수 있어."
2. 아래에 수록된 집 종이접기를 색종이를 이용하여 함께 접어봅니다.
3. 필요에 따라서 서로 도와가며 나란히 작업합니다. 아이가 어느 정도 고민할 시간을 주세요. 너무 빨리 도움을 주지 않도록 조심해 주세요.
4. 아이가 좌절감을 느끼는 초기 징후를 주의 깊게 관찰합니다. 눈에 보이는 신호를 설명합니다. "엄마는 네가 방금 심호흡을 하는 것을 보았어. 어때?" 혹은 "너가 고개를 뒤로 젖히는 것을 보았어. 혹시 따라오기 힘드니?"라고 말해 줍니다.
5. 좌절감에 대처하는 방법을 함께 이야기해 주며 모델링해 주세요. "이거 봐. 엄마 것은 잘 안되고 있어. 천천히 다시 보면서 지시사항을 다시 살펴볼게."라고 말합니다. 혹은 "이제부터 심호흡을 하고 다시 시도해 볼 거야. 할 수 있을 것 같아."라고 말하고, 아이도 같은 방법을 사용하도록 격려해 주세요.

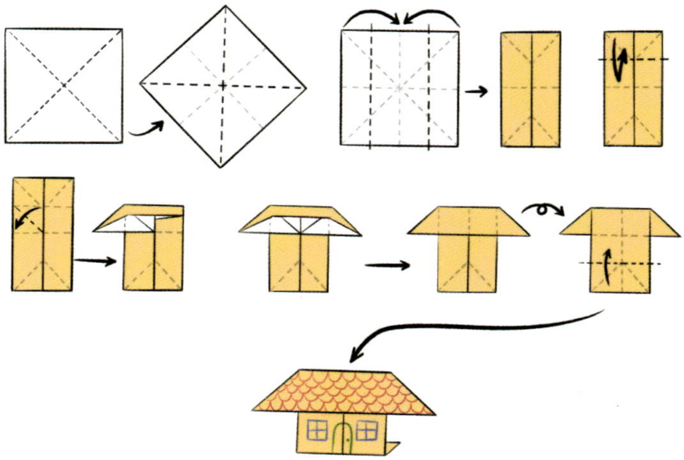

6. 만약 아이가 계속해서 어려움을 겪는다면, 도움을 요청해도 괜찮다고 알려 주세요. 도움을 요청하는 것도 연습이 필요한 행동이기에, 아이가 직접 도와달라는 말을 할 수 있도록 응원해 주세요.

TIP

정사각형의 포스트잇을 이용하여 작고 귀여운 집을 만들 수도 있습니다. 그러나 종이가 작을수록 난이도는 점점 올라갑니다. 아이가 종이접기에 숙달해감에 따라 난이도를 조금씩 높여 주세요. 나중에는 크기별로 집을 접어서 마을 전체를 만들어 볼 수도 있습니다.

다음과 같이 질문할 수 있습니다.

- 이 활동이 얼마나 힘들었는지, 쉬웠는지, 재미있었는지 네 말로 표현해줘.
- 종이접기를 하다가 힘들어지고 있다는 것을 어떻게 알 수 있었어? 네 몸에서 어떤 신호를 보냈어?
- 힘들었지만 계속 시도하게 된 이유가 있을 것 같아. 이유가 무엇이었어? 네가 침착하게 마음을 유지하면서 계속 종이를 접기 위해 도움이 되었던 것이 뭘까?
- 집을 완성했을 때 어떤 기분이 들었어? 네가 생각하기에 어려운 일을 딱, 끝냈어. 그런데 어떤 때는 네가 생각하기에 쉬운 일을 끝내기도 하지. 이 둘의 기분은 어떻게 달라?

내가 믿는 마음, 내가 만드는 마음 날씨 "I Am" Picture Poem

소요시간 20분

우리는 다양한 삶의 경험을 통해 우리 자신에 대한 신념을 가지게 됩니다. 이러한 신념은 우리가 어떠한 목표를 세우고 달성하는 데까지 많은 도움을 줄 수 있습니다. "나는 할 수 있다."와 같은 신념은 목표에 다가가는 데 도움을 주겠죠. 그러나 "나는 똑똑하지 않다."와 같은 신념은 꿈에 도달하는 데에 방해가 됩니다. "나는 때론 친절해."와 같은 신념은 상당히 맞을 때도 있고, 틀릴 때도 있지만 주로 맞을 확률이 높겠죠. "나는 최고다."라는 신념은 가끔 오해를 불러 일으키기도 하고, "나는 늘 잘못한다."는 신념은 거짓일 가능성이 높습니다. 우리는 일상에서도 반복적으로 우리 자신에 대한 메시지를 생각합니다. 이러한 메시지가 나에게 도움이 되는 경우라면 잘 활용하면 됩니다. 그러나 내게 도움이 되지 않거나 피해를 입히는 신념이 있다면 이 신념 때문에 앞으로 나아가지 못하기도 합니다.

이 활동은 아이가 자신에 대한 신념을 창의적으로 탐구하도록 도와줄 것입니다. 아이들은 자신이 가지고 있는 신념들이 얼마나 자신에게 좋은 것인지, 진실한 것인지, 도움이 되는 것인지를 확인할 것입니다. 그리고 어떤 생각에 대해서는 "싫어요."라고 확실하게 말할 수 있는 연습도 하게 될 것입니다. 이것은 친구가 어떤 제안을 했을 때 따를지 말지를 결정하는 것과 비슷합니다. 아이가 스스로에게 도움이 되지 않는 생각을 배경으로 떠나보내는 연습을 하면 할수록, 아이들은 좋고, 진실되고, 자신에게 도움이 되는 빛나는 신념들을 더 많이 가지게 될 것입니다.

재료: 도화지(두 장), 그리기 도구(마커, 펜, 연필), 잡지, 가위, 풀

1. 종이 중앙에 동그라미를 그리도록 하고, 그 안에 "나는"이라고 쓰게 합니다. 이것은 태양의 중심이 됩니다.
2. 잡지를 세로로 길게 잘라 태양 광선을 만듭니다. 처음에 어떻게 하는지를 먼저 보여주고 아이가 이를 따라 할 수 있도록 해 주세요. 폭에 따라 아이가 태양으로 설정한 원 주위에 10개 이상의 태양 광선을 붙일 수 있도록 해 주세요.
3. "나는…"이라는 문장을 완성하기 위해 필요한 이미지나 단어를 잡지에서 찾도록 합니다. 아이가 말을 막 읽기 시작했다면 찾는 것을 함께 도와주세요.
4. "나는 내가 ○○○할까봐 걱정돼." 또는 "가끔씩 나는 내가 ○○○라고 생각해"와 같은 예문을 통해 더 깊이 들어가도록 합니다. 잡지나 이미지에서 적절한 것을 찾지 못했다면 직접 적어도 된다고 이야기해 주세요.
5. 오려낸 내용을 함께 검토합니다. 긍정적인 신념과 그렇지 않은 것들을 분리합니다. 긍정적인 신념을 태양 광선 위에 붙입니다.
6. 다른 도화지를 이용하여 구름 모양을 자릅니다. 아이에게 도움이 되지 않는 신념들을 이곳에 붙이도록 하세요.
7. 아이에게 구름을 어디에 놓을지 물어 보세요. 태양 뒤에서 살짝 보이거나 둥둥 떠다니게 놓을 수도 있습니다(만약 모든 대답에 가볍게 대답할 경우, 6단계와 7단계를 건너 뛰세요).

TIP

아이가 엉뚱한 반응을 한다면 여기에서 어떤 긍정적인 측면을 찾을 수 있을지 생각해보세요. 예를 들어, 아이가 "나는 닭이다!"라고 적을 수 있습니다. 이 문장은 "나는 재미있다"와 "나는 상상력이 풍부하다"와 같은 신념을 가지고 있음을 의미할 것입니다. 이러한 신념을 함께 찾고, 태양 광선에 추가해보세요.

다음과 같이 질문할 수 있습니다.

- 나에 대한 선하고 진실하며 도움이 되는 생각들을 모두 볼 수 있다면 어떤 느낌일까? 어떤 기분이 들 것 같아?
- 구름을 어디에 두었는지 설명해줘. 구름이 햇살에 대한 생각을 덮으면 어떻게 될까? 부정적인 신념이 너에 대한 긍정적인 믿음을 가린 적이 있었어? 있다면 언제였어?
- 현실에서 도움이 되지 않는 생각이 구름 위에 떠다니는 것을 상상해 보자. 이렇게 해보는 것은 언제 도움이 될까?

Chapter 4. 춤추기와 음악만들기

우리 주변에는 매일, 매 순간 예술을 만들기 위해 필요한 모든 재료들이 존재합니다. 손뼉을 쳐 보세요. 노래를 흥얼거려 보세요. 몸을 들썩들썩 흔들어 보고요. 춤과 음악은 정말 쉽게 만들어집니다. 춤과 음악은 바깥과 소리가 단절된 자동차 안, 샤워를 하는 동안 음이 울리는 화장실, 우리 가족들이 함께하는 거실 등 어디에서나 만들어지고, 이를 통해 우리는 사회적으로도, 정서적으로도 채워지는 경험을 하게 됩니다. 미술 작업을 할 수 없을 때에는 춤과 음악으로 아이와 소통하는 것도 좋은 방법이에요. 집안일을 하는 시간에 낙서나 조각을 하는 것은 어렵겠지만, 발가락을 두드리고 손가락으로 춤을 추는 것은 얼마든지 가능하니까요.

창의적인 음악과 몸의 움직임을 활용하는 것을 단순하게 편하다는 이유에서 추천하는 것은 아닙니다. 음악과 움직임이 포함된 예술은 그 자체로 아이들의 감정에 빠르게 영향을 미칠 수 있기 때문입니다. 인간이 감정을 경험하는 것은 마음을 통해서만이 아닙니다. 몸과 마음, 이 두 요소가 모두 감정을 경험하는 채널이 됩니다. 그렇기에 다양한 방식으로 몸과 마음을 활성화하는 것은 다채로운 감정을 아이가 다룰 수 있는 시간을 만들어 줄 것입니다. 어깨를 구부리고 있다가 쭈욱 허리를 피면서 똑바로 서 보면 무엇이 어떻게 달라지는지 느낄 수 있습니다. 아이의 자신감을 올려 주고 싶을 때, 아이의 집중력이 더 향상되기를 바랄 때, 친구들과 더 말랑말랑한 관계를 만들기를 바랄 때, 아이가 춤을 추면서 잠들기를 바랄 때, 이 챕터에 소개된 방법들이 도움이 될 것입니다.

스트레스 스탑! 댄스 대결 De-Stress Dance-Off

소요시간 20분

리듬감 있는 음악과 비트에 맞춰 춤을 추는 것은 몸과 마음의 에너지를 충전하고 기분을 좋게 만들 수 있는 방법입니다. 아마 아이들은 이전에 이런 사실을 눈치채지 못했을 수도 있어요. 몸을 움직이는 것, 또 춤을 추는 것은 몸과 마음을 편안하게 만들고, 이를 통해 갈등을 더 쉽게 해결할 수 있는 상태로 만들어 줍니다. 말로만 들었을 때에는 조금 우스꽝스럽다고 생각될 수도 있을 것 같아요. 왜냐하면 아무도 말다툼 하던 도중에 "잠깐만, 내가 댄스 대결을 제안할게. 그런 다음에 이야기를 나눠보자"라고 말하지는 않으니까요. 하지만 모르는 일입니다. 이 활동 이후에는 아이들이 다투다 말고 댄스제안을 할지도 모릅니다.

재료: 경쾌한 음악(어떤 음악이든 가능), 움직일 수 있는 공간

1. 아이들 사이에서 갈등이 일어날 것 같은 분위기가 느껴지면, 움직일 수 있는 공간을 만들어 보고, 경쾌한 음악을 틀어 주세요. 아이들에게 "스트레스 스탑! 댄.스.대.결!"이라고 외쳐주세요. 아이들이 바로 응하지 않는다면, 부모가 혼자서 춤을 추기 시작해 주세요.
2. 이제 아이들이 모두 춤추기에 참여하면, 자유롭게 춤을 즐기며 화난 기운을 털어내고 분위기를 밝게 만들어 주세요. 부딪힐 수도 있으니 서로 안전한 거리를 유지하도록 도와주세요. 바닥에 층간소음을 방지하는 장치가 없다면 "발을 떼지 않고 춤추기!"와 같은 규칙을 정할 수도 있습니다.

3. 이제 서로의 움직임을 '듣는' 연습을 해 보는 시간입니다. 춤을 추는 사람이 돌아가면서 한 가지 동작을 보여줄 것이라고 설명합니다. 나머지 사람들은 그것을 보고 따라해 봅니다.
4. 먼저 한 아이에게 "춤을 보여 주세요!"라고 말합니다. 아이가 동작을 보여 줄 것입니다.
5. 그런 다음, "자, 우리가 춤을 제대로 들었는지 확인해 보자"라고 말한 후, 다른 모든 사람들에게 따라 해 보도록 합니다.
6. 한 사람 한 사람이 차례대로 스포트라이트를 받도록 합니다. 음악이 아직 끝나지 않았다면 다시 한 번 반복하면서 춤을 보여주고 따라 하는 작업을 해 봅니다.

TIP

각자 차례가 되면 어떤 부분에서 갈등을 느꼈는지, 마음이 불편했었는지에 대해 이야기를 나누도록 할 수 있습니다. 춤을 추고나서 이야기할 수도 있고, 춤을 추면서 이야기를 할 수도 있습니다. 또한 동작을 따라 하는 장면에서 한 사람이 한 동작을 할 때마다 그 동작에 대한 느낌이나 생각을 한 가지씩 말하는 것도 좋습니다.

꿈을 향한 춤 Dance Toward Dreams

소요 시간 5분

잠에 푹 빠져드는 것이 쉬운 사람도 있지만, 모두에게 잠들기가 항상 쉬운 일은 아닙니다. 긴장되어 있는 몸, 안절부절못하는 바쁜 두뇌는 푹 잠들기에 이상적인 내적 환경 만들지 못합니다. 아이에게 "어서 잠을 자"라고 계속 말하는 것은 효과가 없을 뿐만 아니라 수면에 대한 스트레스를 증가시켜 더 오래 깨어 있게 만듭니다. 대신, 이 활동을 이용하여 아이가 내면에서 춤을 추고 있는 졸린 느낌을 찾도록 도와주세요. 아이가 이러한 감각에 계속 주의를 기울이다 보면 어느새 쿨쿨 꿈나라로 떠나고 있을 것입니다.

재료: 편안하게 누울 수 있는 장소(아이가 잠자는 곳), 상상력

1. 잠자는 시간이 오면 아이에게 설명해 주세요. "절대 잠들려고 애쓸 필요가 없어. 너의 몸이 준비가 되면 몸은 알아서 잠드는 방법을 알고 있거든. 대신, 이건 기억해줘. 네 몸 안에 편안하고 상상력 가득한 환경을 만드는 것이 너의 임무야."
2. 잠이 푹 오게 만드는 아이 몸 안의 특별한 환경을 만드는 방법은 자신의 몸 안에 있는 졸린 느낌이 잠을 자기 위해 춤을 추도록 돕는 것이라고 설명합니다.
3. 아이가 편안하게 누웠다면 아이의 다리 중 하나를 들어올리고 가볍게 흔들어 줍니다. 동시에 이렇게 말해 주세요 "좋아, 졸린 느낌들아. 이제 꿈나라로 춤추러 갈 시간이야." 천천히 다리를 부드럽게 다시 내려놓습니다.

4. 아이에게 이제 편안하게 누워서 졸린 느낌들이 다리에서 춤추고 있는지 확인해 보도록 합니다. 졸린 느낌들이 춤추는 모습을 적극적으로 상상하도록 해 주세요.
5. 이 과정을 다른 쪽 다리, 팔, 머리에도 반복합니다. 온 몸에 졸린 느낌들이 춤을 추고 있다는 상상을 합니다. 만약 아이가 여전히 변화를 느끼지 못한다면 다시 한쪽 다리부터 시작하여 졸린 느낌들의 춤파티에 초대해 주세요.

TIP

아이가 초등학교 고학년이라면, 이 활동을 처음에는 알려 주고 나중에는 스스로 할 수 있도록 해 주세요. 아이가 머리부터 발끝까지 각 신체부위를 움직이거나(또는 앞서 설명한 점진적 근육 이완법을 사용하거나) 흔들 때마다 졸린 느낌이 춤추는 것을 상상하면서 잠드는 훈련을 할 수 있습니다.

너무 웃겨, 밈 동작! Comical Creative Movement Memes

소요시간 20분

밈(memes)은 공감하기도 쉽고, 웃긴 부분도 있습니다. 이런 온라인 이미지는 간단한 메시지와 결합하여 빠르게 감정과 아이디어, 개인적 또는 문화적인 의미들을 전달합니다. 이러한 밈의 특징들 덕분에 밈은 아이들이 스스로에 대해 배울 수 있게 만드는 좋은 방법이기도 합니다. 밈은 우스꽝스러운 방식으로 감정을 전달하기 때문에 아이들에게 모든 감정을 삶의 일부로 이해시키는 데에도 도움이 됩니다. 이 활동에서 아이들은 다양한 상황에서 경험할 수 있는 감정을 과장하여 표현하고, 스스로 살아 움직이는 밈이 될 것입니다.

재료: 움직일 수 있는 실내 또는 실외 공간, 전자 기기(선택 사항)

1. 밈에 대해 잘 알지 못하는 아이에게는 온라인에 올라와 있는 밈들을 보여 줍니다. 밈이 무엇을 의미하는지 아이의 연령에 맞추어 적절한 것을 선택해 보여 주세요. 아이가 밈에 대해 잘 알고 있다면 기억에 남는 밈에 대해 함께 나누도록 할 수도 있습니다.
2. 오늘 함께할 활동에 대해 설명합니다:
   - '네가 ○○할 때 느끼는 감정!'이라고 내가 말하고 나서 ○○에 들어가는 상황을 외칠거야.
   - 그 상황에서 네가 느끼는 감정을 엄청 웃기고 과장된 동작으로 만들어 보는 거야.

- 그런 다음 내가 '얼음!'이라고 외치면 그 자세를 유지해.
- 내가 '땡!'이라고 말하면 몸을 마구 흔들고 나서 다음 동작을 준비해.

3. "네가…피자를 먹을 때!" 또는 "동생이 네가…동생한테 장난감을 뺏겼을 때"와 같은 시나리오를 만들어 외쳐 주세요. 아이에게 즐거운 상황과 불쾌한 상황을 번갈아 가며 사용하는 것이 좋습니다.
4. 각각의 문장을 들은 후, 5초 동안 감정을 표현하는 동작을 하도록 합니다.
5. 새로운 문장을 외치기 전에 "얼음!"이라고 말하고 움직이지 못하게 만든 후 "땡!"이라고 외칩니다.
6. 이제 역할을 바꿉니다. 함께 참여하는 아이가 있다면 아이가 시나리오를 만들어서 외치도록 하고, 혼자 참여하는 경우에는 부모가 그 역할을 대신합니다.

TIP

우스꽝스럽거나 혹은 과장된 감정이 우리가 진솔한 감정을 편안하게 표현하는 데 얼마나 도움이 되는지 이야기해 볼 수 있습니다. 만약 어린 아이들에게 밈을 소개하고 싶지 않을 경우에는 "과장된 감정 표현하기" 활동으로 재구성할 수 있습니다.

누구처럼 춤추기 Dance as If

소요시간 20분

어떤 활동을 하고 있다가 다른 활동으로 갑자기 전환하는 것은 어렵습니다. 특히 감각이나 주의력에 어려움을 겪는 아이들에게는 더 어려운 일입니다. 게다가 먼저 하고 있는 일이 아이가 좋아하는 활동이었다면, 그것을 멈추고 다른 것을 하는 것은 참 힘든 일이죠. 집중력의 방향도, 크기도 완전하게 바꾸어야 하기 때문입니다. 이 활동은 아이들이 사고를 전환하고 적응하는 데에 도움을 줍니다. 이제, 저녁 식사가 준비되어서 하던 일을 멈추어야 하거나, 떠날 시간이 되어서 함께 움직여야 할 때, 아이들은 움직이기 전에 집중의 대상을 바꿀 필요는 없습니다. 아이들은 그저 몸이 이끄는 대로 움직이기만 하면 됩니다. 그러면 아이들의 집중력도 자연스럽게 따라갈 것입니다.

재료: 음악 재생 장치

1. 아이가 다가올 변화에 대비할 수 있도록 노래 한 곡을 들려줍니다. "이 노래가 끝나면 우리는 이제 ○○ 해야 할 시간이야."라고 말하고 아이가 이해를 잘 했는지 확인해 주세요.
2. 노래가 끝나면, 아이에게 다음 과제로 함께 춤을 추자고 합니다(예: "저녁 식사에 맞춰 함께 춤을 추자.").
3. 노래를 다시 틀어 주세요(또는 아이가 원하는 새 노래로 빠르게 바꿀 수도 있습니다). 춤을 이끌어줄 사람은 누구일지 물어 보세요.

4. "○○처럼 춤추기" 방법을 제시합니다. 예를 들어, "우리 록 스타처럼 춤을 춰 볼까? 기린처럼? 강아지처럼?"과 같이 제안해 볼 수 있습니다.
5. 아이가 제시된 내용을 모두 거부한다면, 현재 하고 있는 활동과 춤의 움직임을 연결시켜 봅니다. "책을 읽는 것처럼 춤을 춰보자." 또는 "비디오 게임 속 캐릭터인 것처럼 춤을 춰 보자."라고 말해 볼 수 있습니다.
6. 함께 움직이면서 동작을 바꿔봅니다. "다음에는 누구처럼 춤 춰볼까?"라고 질문할 수 있습니다.

TIP

효과적인 양육을 위해서는 결과적으로 보살핌과 창의성 사이에서 균형을 찾아야 합니다. 예를 들어, 아이가 계속 사고를 전환하기를 어려워할 수 있습니다. 그렇다면 아이에게 저녁 식사 전에 비디오 게임을 하지 않을 것을 친절하게 알려 주는 것은 괜찮습니다.

마음을 움직이는 감정언어 Inspiration Infusion

소요시간 20분

영감을 주는 말들은 참 많지만, 그 말을 듣고 읽는 사람이 그 안에 담긴 메시지의 진실성을 느끼지 못한다면 크게 의미가 없는 말이 됩니다. 이렇게 되면 아무리 좋은 말이라 하더라도 그저 빠르게 흘러가 버리는 소리에 불과합니다. “사랑해”라는 말을 귀로 듣는 것과 마음속에서 포근하고 따뜻한 느낌을 느끼는 것 사이의 차이입니다. 아이에게 격려의 말을 사용하는 것 대신 이 활동을 사용해 보세요. 격려의 말이 마음속 깊숙이 스며들면 아이가 격려를 무시하기가 훨씬 어려워진다는 것을 알게 될 것입니다.

재료: 움직임을 위한 실내 또는 실외 공간

1. 아이에게 그동안 좋은 의도로 해 주었던 격려의 말이 항상 도움이 되지 않을 수 있다는 것을 인정하면서 시작해 주세요. 그리고 아이에게 “너에게 해 주는 격려의 말을 더 의미있게 만들기 위한 활동을 배웠어.”라고 이야기합니다.
2. 지금부터 몇 가지 격려의 문구를 말할 것이라고 설명합니다. 각 문구가 끝날 때마다 아이는 그 문구 자체를 몸으로 표현할 수도 있고, 그 문구가 자신에게 어떻게 느껴졌는지를 표현할 수도 있습니다.
3. 이 활동에서는 맞고 틀린 것은 없기 때문에, 어떤 것을 표현해도 잘못된 방법은 없다는 것을 알려 주세요. 몸으로 만드는 움직임은 크게 만들 수도, 작게 만들 수도, 앉아서 할 수도, 또는 서서 할 수도 있습니다.

4. 다음과 같이 아이에게 말해 주거나 자주 사용하는 격려의 말투로 문장을 만들어서 응원해 주세요. "너무 잘하고 있어, 힘내서 계속 해보자", "엄마는 항상 우리 [아이의 이름]편이야."
5. 격려의 문장을 외치고 나서 아이가 창의적인 동작을 통해 격려의 문구와 느낌을 표현할 수 있도록 해 줍니다. 부모도 함께 움직이며 격려의 동작을 보냅니다.
6. 아이에게 어떤 움직임이 가장 즐거웠는지 묻고 함께 이야기를 나눕니다. 혹시 표현하면서 불쾌했던 동작은 없었는지도 이야기 나눠 주세요.
7. 가장 기분이 좋았던 움직임을 격려의 문구와 함께 반복합니다.

TIP

격려의 문장뿐만 아니라 위로의 문장으로도 이 활동을 반복할 수 있습니다. "넌 괜찮을 거야.", "나는 사랑받고 있어.", "한 번 더 시도해보자." 넓지 않은 다양한 환경에서도 이 움직임이 아이의 마음에 위로로 다가올 수 있도록, 더 섬세한 버전의 제스처를 개발하여 위로의 감정을 떠올리는 데 도움이 되도록 해 보세요.

자연물 악기 Nature Shaker Feeling Maker

소요시간 20분

아이가 어떤 기능을 하는 물건을 발명해 나가는 모습을 본 적이 있나요? 무언가 자신이 만든 물건이 작동되는 순간, 우리 발명가 아이들의 내면에서는 아주 특별한 성취감과 자신감이 가득 차오를 것입니다. 이번 활동에서는 아이가 자신만의 독특한 악기를 만들어 볼 것입니다. 아이는 음악을 만들어 보고, 자신의 힘든 감정을 악기를 흔들어내면서 떨쳐낼 것입니다. 이 과정은 아이에게 에너지를 가득 채워줄 거예요. 한 번 해보는 거예요. 아이와 함께 자연의 소리를 내는 악기가 어떤 일을 해낼 수 있는지 함께 지켜봐 주세요.

재료: 종이접시 두 개, 작고 단단한 자연물(돌, 나뭇가지, 솔방울 등), 스테이플러(또는 글루건), 마커

1. 종이접시 하나를 다른 접시 위에 거꾸로 올려놓아 접시와 접시 사이게 공간을 만들도록 합니다. 부모가 시범을 보이고 따라 하도록 할 수도 있습니다. 아이에게는 작고 단단한 자연물들을 이 안에 넣고 밀봉하여 흔들어 소리를 낼 수 있는 악기를 만들 것이라고 설명합니다.
2. 악기에 넣을 물건들을 모으기 전에 접시 안에 들어가야 하니 접시 두 개를 합친 후 이 높이보다는 작은 크기로 골라와야 한다고 알려 주세요.

3. 모아온 물건들을 하나의 접시에 올려놓을 수 있도록 합니다. 그리고 다른 접시를 거꾸로 뒤집어 그 위에 놓습니다. 이제 아이가 가져온 물건들은 보이지 않게 되었습니다. 테두리를 스테이플러로 단단히 고정하여 안쪽을 밀봉합니다. 이제 아이에게 흔들도록 합니다.
4. 접시의 바닥 면들은 아이가 꾸밀 얼굴이 됩니다. 양쪽에 다른 감정의 얼굴을 그릴 수 있도록 설명하고 마커를 사용하도록 합니다. 만약 코팅이 되어있는 종이접시라면 네임펜이나 유성매직을 사용해야 선명하게 그려집니다.
5. 두 개의 얼굴을 뒤집어 가며, 각 얼굴의 분위기에 맞게 다양한 방법으로 소리도 내고 흔들면서 놀도록 해 주세요.
6. 게임을 함께 만들 수도 있습니다. "뒤집어!"라고 말하면, 아이는 종이접시 악기를 뒤집고 새로운 리듬을 만들어 해당 감정을 표현할 수 있습니다.

TIP

자연물 악기를 접근성이 좋은 곳에 보관해 주세요. 힘든 시간을 아이가 보낼 때, 자연물 악기를 흔들면서 감정을 표현하도록 해 주세요. 크게 흔들 수도, 빠르게 흔들 수도, 부드럽게 흔들 수도 있습니다. 아이가 느끼는 감정을 솔직하게 표현하는 것이 가장 중요합니다.

날씨 리듬 Weather Rhythms

소요시간 5분

감정은 날씨와도 같습니다. 일기예보를 보면 비가 올지, 눈이 올지, 따듯할지 예측할 수는 있지만 기상청이 언제나 정확한 것은 아니죠. 기분이 좋지 않은 날씨는 하루를 망치기도 하고, 기분이 좋은 날씨는 하루를 기분 좋게 보낼 수 있게 해 줍니다. 낮과 저녁에 일교차가 심한 날도 있듯, 감정은 아침과 점심, 그리고 저녁이 또 다릅니다. 급격하게 변할 수도 있고요. 이 활동을 통해 아이는 자신의 내면에서 바뀌어가는 감정을 탐색하고 타인에게 전달할 수 있는 힘을 배우게 됩니다.

재료: 평평한 표면(드럼, 탁자, 베개, 또는 무릎과 같은)

1. 아이에게 손과 평평한 표면을 사용하여 날씨 리듬을 만드는 방법을 보여 주세요. 다음 설명처럼 사용할 수도 있고 자신만의 방법을 별도로 만들 수도 있습니다.
   - 비 오는 날 = 손가락 끝을 가볍게 두드린다
   - 바람 부는 날 = 손바닥으로 표면에 큰 원을 그린다
   - 눈 오는 날 = 공중에서 손가락을 흔들며 손을 낮추어 표면에 내려놓는다
   - 폭풍우 = 양 손을 빠르게 번갈아 가며 반복적으로 표면을 친다
   - 맑은 날 = 팔을 크게 움직여 표면을 한 번 친다
2. 아이가 바로 시작하기 어려워 한다면 함께 만든 각 유형의 날씨 리듬 패턴을 먼저 부모가 보여 줍니다. 그리고 나서 아이에게 따라 해 보도록 합니다.

3. 날씨 리듬을 이용한 감정 표현을 시작합니다. "오늘은 화창한 느낌이 들었어." 라고 말합니다. 아이는 맑은 날 리듬을 연주합니다. "나는 눈이 내리는 기분도 들었어."라고 말하면 아이는 눈 오는 날 리듬을 연주합니다.
4. 아이에게 자신의 감정에 대해 생각해 보도록 한 다음 날씨 리듬을 연주해 봅니다.

TIP

이 활동을 유치원이나 학교가 끝나고 집으로 돌아가는 동안 차 안에서도 시도해 볼 수 있습니다. 함께 차를 타고 움직이는 시간이 있다면 언제라도 쓸 수 있어요. 차를 함께 타고 여행을 가고 있다면 그날의 날씨와 기분을 함께 날씨 리듬을 두드리며 활용할 수 있습니다. 아이의 무릎은 드럼이 되고 아이의 손가락은 드럼 채가 됩니다. 리듬들을 쌓아 올려서 그날의 다양한 기분을 담아내도록 해 주세요. 그리고 아이가 나타내는 날씨와 감정을 반대로 맞춰 보는 작업도 추천합니다.

모든 리듬에 주목! Attention All Tunes!

소요시간 5분

아이들의 마음은 가끔씩 어디론가 떠돌아 다니는 것처럼 보입니다. 특히 아이들 입장에서 지루한 무언가를 하거나 머리를 써야하는 일을 할 때는 더욱 산만해지곤 합니다. 누구나 그럴 수 있습니다. 다행히도 집중력은 성장할 수 있는 부분이기에 이 부분을 잘 다듬는다면 충분히 집중력은 좋아질 수 있습니다. 아이가 차 안에서 지루해 하거나 긴 작업 중 휴식이 필요할 때 이 활동을 사용해보세요. 집중력이 배로 향상되는 경험을 할 것입니다. 이 프로그램은 전반적인 집중력을 향상시켜주고, 아이들은 이 활동을 통해 정신적인 휴식을 취하며 재충전할 수 있습니다. 이 모든 활동은 음악과 함께합니다.

재료: 음악 재생 장치

1. 아이에게 어떤 노래든 선택할 수 있도록 선택권을 주세요.
2. 집중해서 들을 악기소리를 고르도록 합니다. 선택한 악기소리가 음악에서 들리면 엄지 손가락을 치켜세우는 것이라고 설명합니다. 악기가 멈추면 엄지 손가락을 아래로 내립니다.
3. 노래가 재생되는 동안 악기를 함께 집중해서 듣도록 합니다. 아이가 주의력이 떨어지는 것처럼 보이면 엄지 손가락을 치켜 올리면서 다시 악기를 알아차리도록 유도하세요.
4. 이제 두 번째 레벨로 넘어갑니다. 들을 단어나 구절을 선택합니다. 그 단어를

들으면 엄지 손가락을 치켜 올립니다.

5. 세 번째 레벨을 할 준비가 되었나요? 기분이나 에너지의 변화를 느낄 때마다 엄지 손가락을 들어 올리는 것이라고 설명해 줍니다.
6. 어떤 레벨이 가장 쉬웠고, 어떤 레벨이 가장 어려웠는지에 대해 토론해 봅니다. 듣다가 집중력이 흐려지거나 산만해졌는지 물어 봅니다. 만약 그렇다면 어떻게 다시 집중할 수 있었는지도 함께 물어 봅니다.

TIP

가족 단위로 놀이를 하면 더욱 재미있게 즐길 수 있습니다. 각자 다른 악기를 선택해 봅니다. 아이들은 다른 엄지손가락이 위아래로 움직일 때 방해가 되지 않도록 집중해야 합니다.

함께 만드는 오케스트라 Organized Orchestra

소요시간 15분

함께 합을 맞추어 음악을 연주하고 나면, 연주에 참여한 사람들은 단단한 무언가로 묶여진 것처럼 서로 유대감을 느끼게 됩니다. 아이가 박자를 틀리거나 음정이 맞지 않아도 상관없습니다. 함께 음악을 만들어 나가는 과정 그 자체로 소속감과 유대감이 강화되고, 남의 의견에 경청하고 반응하는 법을 배우며, 만들어 나가는 과정에서 재미있는 상황들을 만나고 서로 웃음을 터트리면서 더욱 연결된 느낌을 가지게 될 수 있습니다. 음악 연주를 위해서 필요한 악기는 우리 주변의 어떤 것이든 활용 가능합니다. 주말에 온 가족이 모였을 때 냄비와 프라이팬을 준비해서 음악을 만들 수도 있고, 차 안에서 목소리와 손으로 무언가를 치는 것, 손뼉이나 자동차 두들기기, 무릎에 박자 맞추기 등을 이용해 음악을 만들 수 있습니다. 이 활동은 무작위로 펼쳐져 있는 것들을 조직적인 방식으로 바꾸는 방법을 생각해 보도록 하고, 아이는 '어떻게 규칙을 만들고 정리를 할까?'에 대한 생각으로 머릿속이 꽉 찰 것입니다.

재료: 찾아낸 악기들(냄비, 캔, 금속과 나무 숟가락, 상자)

1. 아이와 참여 가능한 가족 구성원들에게 도구를 사용할지, 목소리나 몸을 사용할지 선택하도록 합니다. 혀를 딸깍거리는 소리, 입술 부딪히는 소리, 흥얼거리는 소리, 휘파람 소리와 같은 소리도 선택 가능합니다. 어떤 소리라도 괜찮다는 것을 강조해 주세요.

2. 정지 신호를 알려 주세요. "하나, 둘, 셋, 스탑!"이라고 외칠 수도 있고 양손바닥을 내밀며 "스탑!"신호를 외칠 수도 있습니다.
3. 서로 어떤 협의도 없이 같은 시간 동안 함께 악기를 연주해 봅니다. 10~15초 정도 자유롭게 소리를 내도록 한 후, 스탑 신호를 사용합니다.
4. "우리가 협동하면 어떤 일이 일어나는지 볼까?"라고 이야기한 후, 다음 활동을 해보세요:
   - 뜨거운 감자 뜨거운 감자를 옆사람이 건네준다면 너무 뜨거워서 바로 옆사람한테 줄 수밖에 없습니다. 악기에서 한가지 소리를 냅니다. 다음 사람은 그 소리를 따라서 한가지 소리를 냅니다. 앞 사람의 소리를 듣자마자 자신의 소리를 내고, 그다음 사람은 바로 소리를 냅니다. 점점 속도를 높혀 봅니다.
   - 부르고 대답하기 한 사람이 먼저 어떤 리듬을 연주합니다. 다른 사람들은 그 리듬을 듣고, 그다음 함께 같은 리듬을 따라 연주하기를 반복합니다. 그다음에는 다른 사람이 먼저 새로운 리듬을 연주하고 이를 번갈아 가며 진행합니다.
   - 우리 가족 마음대로 별도의 규칙 없이 함께 연주합니다. 대신, 서로의 소리를 경청하고 그에 어울리는 방식으로 자신의 소리를 내면서 연주합니다. 재미있게 서로의 소리를 경청하며 연주하기만 하면 됩니다.

TIP

서로 음을 맞추려 했는데 조율되지 않을 수도 있습니다. 이때 일어난 일에 대해 토론해보세요. "우리가 함께 연주할 때 무슨 일이 일어났지? 이렇게 연주한 것이 우리가 일상적으로 지내는 상황에서 어떻게 적용될 수 있을까? 어떤 방법들을 썼을 때 우리가 더 쉽게 합을 맞추었던 것 같아?"

두구두구두구 드럼롤! Gratitude Drumroll

소요시간 5분

감사함을 느끼고 표현하는 것은 직접 감사를 받은 사람뿐만 아니라 주변 사람까지 기분 좋게 만들어줍니다. 감사를 표현하는 사람 역시 "감사합니다"라고 말하면서 기분이 좋아집니다. 우리가 항상 다른 사람들에게 감사하다는 표현을 하며 지내지는 못하더라도, 감사하는 마음을 가지고 있는 것은 불쾌한 상황과 감정에 집중하지 않게 만들어주고, 즐거운 상황에 더 집중할 수 있도록 해줍니다. 이런 과정은 기분을 좋게 만들어주고, 신체적 건강에도 긍정적인 연쇄 작용을 일으킵니다. 감사의 마음이 큰 역할을 하기 위해서는 감사하다는 말을 대충 읊조리는 것 만으로는 충분하지 않습니다. 이 활동을 통해, 아이는 긍정적인 기운을 받아들이고 자신의 인생에서 감사한 모든 것에 대해 더 큰 흥미를 느낄 수 있게 될 것입니다.

재료: 탁자나 무릎과 같은 평평한 표면, (만약 있다면) 냄비와 숟가락과 같이 악기가 가능한 물건

1. 무릎 또는 탁자를 손으로 빠르게 두드리며 '두구두구두구'와 같이 긴장되는 소리를 연주합니다. 부모는 사회자의 목소리로 "신사 숙녀 여러분…드럼롤 게임을 할 준비됐나요~?"라고 말하며 기대감을 조성해 주세요.
2. 한 주제를 선택하면 그 주제에 대해 감사한 것들에 대해 생각해 보는 시간입니다. 돌아가면서 주제가 바뀔 것이라고 설명합니다. 사람과 장소(가족, 친구들, 학

교, 세상), 시간(오늘, 어제, 내일), 기타(성공, 동물들, 색깔)와 같이 다양한 주제가 선택될 수 있습니다.

3. 누가 먼저 시작할지 결정합니다. 아이가 망설인다면 부모가 먼저 시작하여 롤 모델링을 하는 것이 도움이 될 수도 있습니다. 모두 함께 두구두구두구 소리를 연주하되, 선택한 주제 안에서 감사한 것이 무엇인지는 돌아가면서 말을 할 것입니다.
4. 하나, 둘, 셋 숫자를 센 다음 드럼치는 것을 다 함께 멈춥니다. 부모가 먼저 하기로 했다면 먼저 부모가 해당 주제에 관해 감사한 것들에 대해 이야기합니다.
5. 다시 두구두구두구 연주한 다음, 멈춥니다. 아이가 감사한 것을 발표합니다.
6. 이와 같은 과정을 주제를 바꾸어 가며 반복하며 진행합니다.

TIP

감사함을 느끼고 표현하는 것은 아이의 입장에서는 시간이 걸리는 기술입니다. 토요일 아침식사, 월요일 학교에 가는 차 안에서, 또는 빨간 불이 들어올 때마다 감사 드럼롤 의식을 만들어서 아이와 현재의 감사함에 대해 나누는 것을 일상화해 보세요.

진진가 Two Truths and a Tune

소요시간 20분

사람과 사람 사이에서 이루어지는 의사소통에는 단순히 언어 이상의 것이 포함됩니다. 목소리 톤, 표정, 그리고 몸의 움직임과 같은 비언어적 요소는 언어 그 이상의 의미를 전달하기도 합니다. 예를 들어, 한숨을 내쉬고 눈을 굴리면서 "미안해"라고 말하는 것은 실제로는 "미안하지 않아"라는 의미를 전달합니다. 진진가 게임을 멜로디로 변형한 이 게임을 통해서 아이는 말할 때 자신의 목소리가 가지는 힘을 알게 될 것이고, 비언어적 요소들에 대해서 발견하는 시간을 가질 것입니다.

재료: 목소리

1. 진진가(진짜 진짜 가짜) 게임에 대해 설명합니다. 한 사람이 자신의 하루에 대해 진짜 진술 두 가지와 거짓 진술 한 가지를 말합니다. 이야기를 들은 사람들은 어느 것이 거짓인지 추측합니다.
2. 부모나 아이가 진진가 게임에 익숙하지 않다면, 몇 차례 게임을 해보면서 감을 잡아보는 것도 좋습니다. 진실인 내용과 거짓인 내용의 순서를 바꿔서 맞추게 어렵게 만드는 것을 추천합니다.
3. 이제 목소리로 어렵게 꼬아봅시다. 아이에게 세 가지 서로 다른 목소리 톤을 사용하여 오늘 하루로부터 느낀 세 가지 감정을 표현하면서 "오늘 하루는 괜찮았어요."라고 말하도록 합니다. 꼭 이 문장을 쓸 필요는 없습니다. 오늘 하루

를 아이가 힘들게 보냈다면 “오늘은 힘든 하루였어요.”, “정말 피곤한 하루였어요.”와 같은 문장을 말할 수도 있습니다.

4. 아이에게 두 가지의 진실된 감정과 한 가지의 거짓된 감정을 표현하기 위해서 목소리 톤을 사용하는 것이라고 계속 말해줍니다. 다양한 음악적 방식을 통해 감정을 전달해볼 수도 있습니다. 오페라, 팝, 블루스, 트로트, 힙합 등 다양한 음악장르로 감정을 표현할 수 있습니다.
5. 아이의 목소리를 들은 가족들은 아이가 진정으로 느끼는 감정을 표현한 두 가지 음색이 무엇인지 맞춰봅니다.
6. 역할을 바꿔봅니다.

TIP

아이에게 하루 일과에 대한 사실 하나를(예, “수학을 했어요”, “공 놀이를 했어요.”) 세 가지 목소리 톤을 사용해서 말해보도록 합니다. 어떤 어조가 활동에 대한 아이의 진정한 감정과 일치하는지 맞춰보세요.

리듬 알림 Rhythm Reminders

소요시간 5분

두뇌는 리듬을 좋아합니다. 우리가 살면서 가장 편안했던 시기인 엄마 뱃속에 있었을 때, 우리는 엄마의 심장소리를 듣고 있었습니다. 그래서 불안할 때 다리를 떨거나 책상을 손가락으로 두들기는 등 리듬감을 만드려는 시도를 나이가 들어서도 합니다. 우리의 심장은 리듬에 맞춰 지금도 뜁니다. 말을 할 때 우리가 사용하는 언어에도, 길을 걸을 때의 걸음걸이에도 리듬이 있습니다. 그렇기에 리듬감은 우리에게 친숙하고 편안한 것이고 우리는 자신도 모르게 음악에서 리듬 패턴을 찾는 습관이 있습니다. 리듬을 찾게 되면 뇌에서 행복감과 동기 부여를 위한 화학물질이 분비됩니다. 우리는 리듬에 매우 동기화 되어 있기 때문에 리듬감을 우리가 해야 할 일 목록에 연결시켜 놓는다면, 해야 할 일을 기억하는 데에도 도움이 될 수 있습니다. 리듬 알림을 통해, 아이들이 어른들에게 무엇을 해야 하는지 알려 주게 될 것입니다.

재료: 목소리, 손, 발

1. 아이에게 여러 개의 해야 할 일을 알림으로 보내야 한다면, 대신 과제를 리듬이나 노래에 맞춰 진행해 보세요.
2. 곰 세 마리의 노래를 불러 주세요. "곰 세 마리가 한 집에 있어. 아빠 곰, 엄마 곰, 애기 곰. 아빠 곰은 뚱뚱해, 엄마 곰은 날씬해, 애기 곰은 너무 귀여워."
3. 다음과 같이 단어를 변경하여 작업을 바꿔봅니다. "곰 세 마리가 한 집에 있어.

아빠 곰, 엄마 곰, 애기 곰, 아빠 곰은 티비 꺼. 엄마 곰은 책을 펴. 애기 곰은 빨리 양치해." 형제자매가 있다면 아이들의 첫째 곰, 둘째 곰을 넣어서 숙제나 해야 할 일들을 넣을 수도 있습니다.

4. 아이와 가족 구성원이 해야 할 과제들에 따라서 2절을 만들 수도 있습니다. 자, 이제 "곰 세 마리가 한 집에 있어~" 이 구절이 나오면 "아빠는 티비 끄고, 엄마는 책을 펴서 아이에게 읽어줄 준비를 하고, 아이는 양치질을 하고 누울 준비를 해!"라는 뜻으로 들릴 것입니다.

5. 노래로 접근을 하는 경우, 아이가 좋아하는 아기상어나 애니메이션 주제곡에 넣어서 개사를 할 수도 있습니다. 아이가 과제를 잘 기억하기 위한 자신만의 개사와 리듬을 결합하여 만드는 것이 가장 좋습니다.

TIP

고학년 아이들에게는 자신이 좋아하는 아이돌 노래나 관심있는 음악을 리듬 알림으로 바꾸도록 해보세요. 아이가 해야 하는 데 하기 싫은 것, 매번 반복되는 과제들이 노래에 포함되도록 합니다. 리듬이나 후렴구를 고르고 최대 세 가지나 네 가지 과제를 함께 조합해서 성공할 수 있도록 해 주세요.

스르르 녹아요 Mindful Melting Movement

소요시간 5분

우리는 '배고픔'이라는 것을 볼 수는 없습니다. 그런데 언제 식사를 해야 하는지 어떻게 알 수 있을까요? 우리는 '피로함'이라는 것을 볼 수 없는데 언제 휴식을 취해야 할지는 어떻게 알 수 있을까요? 그것은 우리의 몸이 우리에게 지금 우리가 어떤지를 알려 주기 때문입니다. 우리 몸은 우리가 지금 몸이 아프고 부상을 입었는지, 지금 우리의 마음이 상처받았는지에 대해서 늘 설명하고 있어요. 그래서 몸이 지혜롭게 우리에게 해 주는 이야기에 귀를 기울이면 우리가 지금 무엇이 필요한지를 알게 되고, 필요한 것을 알면 쉽게 이를 채울 수 있겠죠. 충족하는 데에도 도움이 될 수 있습니다.

우리 몸이 우리에게 보내는 신호를 듣지 않을 때, 우리 몸은 우리를 다양한 방식으로 불편하게 만들 것입니다. 어떻게 이것을 알게 될까요? 배고플 때 밥을 먹어주지 않거나 화장실이 급했을 때 화장실에 가지 않았던 때를 생각해 보면 됩니다. 마치 몸이 우리에게 "내가 하는 말에 집중!!!!"이라고 소리치는 것과 같습니다.

이번에 진행하는 몸을 스캔하는 움직임은 아이가 자신의 신체 정보에 주의를 기울이는 훈련을 하는 시간입니다. 이 연습을 하면서, 아이들은 하루 동안 자신의 몸에서 보내는 신호를 더 빨리 포착할 수 있게 될 것입니다. 아이가 진정하기 쉬운 상황에서는 자신이 화났다는 신호를 좀 더 빨리 알아챌 수도 있게 되죠. 이 말랑말랑한 활동은 아이들이 긴장을 이완시키고 스트레스를 감소시키는 효과까지 있습니다. 이 프로그램은 아이가 단순히 몸을 주욱 스캔하게만 하는 것이 아닙니다. 불편한 부분을 녹이는 것까지를 의미합니다.

재료: 상상력

1. 아이에게 꽁꽁 얼어 있는 무언가가 지금부터 되는 것이라고 합니다. 예를 들어, 눈사람, 얼음, 또는 아이스크림이 된 척 할 수 있습니다. 설명에 따라 머리끝에서부터 발끝까지 스르르 녹는 것처럼 천천히 움직일 것이라고 설명합니다.
2. 눈을 감도록 할 수도 있고 눈을 뜬 상태로 참여하게 할 수도 있습니다. 집중만 할 수 있다면 어떤 상황이든 상관없어요. 눈, 얼음, 또는 아이스크림이 녹는 모습을 적극적으로 상상하도록 유도합니다.
3. 가장 먼저, 머리 맨 위쪽에 집중하도록 합니다. "태양이 너의 머리 위를 따듯하게 데우고 있다고 상상해 봐. 이제 네 머리는 천천히 스르르 녹아들고 있어."
4. 녹는 시늉을 하면서 움직이도록 하세요. 아이가 자신의 얼굴과 목이 녹는 것을 느끼도록 합니다. 목이 녹으면 더이상 머리를 지탱할 수 없게 됩니다.
5. 어깨, 팔, 손, 가슴, 배, 등, 다리, 그리고 발 각각의 신체 부위를 순서대로 녹이고 있다고 설명합니다. 아이가 의자나 소파에 앉아있다가 바닥으로 녹아서 내려오도록 합니다.
6. 다 녹았다면 다시 "아이스!"라고 외치고 아이가 차갑게 언 무언가가 다시 되도록 합니다. 처음에 눈사람을 선택했다면, 그다음으로는 아이스크림을 선택할 수 있습니다. 활동을 반복하면서 녹는 속도를 더 빠르게 할 수도 있고, 더 천천히 해 볼 수도 있습니다.

TIP

만약에 아이가 이 활동을 한 이후에 다른 활동이나 과제를 수행해야 하는 경우, 아이가 발부터 머리까지의 신체를 반대로 단단하게 고체화시키는 작업을 합니다. 녹은 상태에서 잠을 자도록 할 수는 있으나, 무언가 해야 한다면 아이가 의식적으로 다시 처음과 같이 준비된 상태로 마무리 할 수 있도록 도와주세요.

다음과 같이 질문할 수 있습니다

- 이 활동을 하면서 무엇을 느꼈어? 활동 하기 전, 활동 하고 있는 중간, 그리고 활동이 끝난 이후 몸이 어떻게 느껴졌어? 달라진 점이 있다면 어떻게 달라졌는지 궁금해.
- 너의 기분이 어땠는지 어떤 감각이 알려줬어? 무거웠을 수도 있고, 가벼웠을 수도 있고, 따끔거렸을 수도 있고, 긴장이 되었을 수도 있고, 확 풀어진 느낌이 났었을 수도 있을 것 같아.
- 네가 배가 고프거나, 흥분하거나, 불안하거나, 지루할 때 몸에서 어떤 감각이 느껴져?

날 따라 해봐요, 이렇게~ Mirror-Mirror Mind-Meld

소요시간 20분

우리는 서로를 매일 따라 합니다. 이것을 심리학에서는 거울을 보고 있는 것 같다 하여 미러링이라고 이야기합니다. 대부분의 아이들은 너무 대놓고 따라 하는 것은 싫어합니다. 그러나 미러링은 한 사람이 다른 사람과 연결되는 중요하고 미묘한 방식입니다. 사람들은 자신도 모르게 주변 사람들의 표정, 몸짓, 자세를 따라합니다. 호감이 가는 사람이 앞에서 손뼉을 치면 우리도 따라 치게 되고, 앞에서 음료수를 마시면 따라서 음료수를 마시기도 하죠. 이것은 심리적인, 그리고 행동적인 동기화인데요, 우리는 우리가 서로 동기화되고 있다는 것을 알기도 하고, 모르기도 합니다. 의도적으로 '따라 해야지!'하고 따라 하는 것은 아니라는 것입니다. 그러나 미러링은 서로를 더욱 친근하게 느끼게 하고, 대화나 행동에 있어서 협력적으로 만드며, 상호간에 신뢰감을 느끼도록 합니다. 또한 우리가 다른 사람들과 동기화를 하게 되면 '우리'라는 소속감을 형성되고 상대가 어떤 기분인지 이해하는 공감 능력이 향상됩니다. 사회적 인간인 우리는 기본적으로 서로를 미러링 하는 존재로 태어났습니다.

많은 전자 디바이스와 프로그램들이 점점 대면하여 활동하는 것들을 대체하게 되면서 '상대방을 미러링 하려는 우리의 충동을 어떻게 어디서 잘 사용할 수 있을까?'에 대한 질문이 어느때 보다 더 중요해졌습니다. 이번 활동은 아이가 친구와 가족 간의 유대감을 강화하도록 도와주는 프로그램입니다. 그리고 아이가 누군가와 갈등을 겪은 이후에 다시 화해하고 친하게 지내는데 사용해 볼 수도 있어요. 이 활동을 마친 후 아이들은 자신에게 도움이 되는 충동들을 가지게 될 것이고,

아마 부모들은 아이에게 집안일에 함께 참여하도록 할 수도 있을 것입니다!

재료: 움직임을 위한 실내 또는 실외 공간, 리본이나 스카프(선택 사항)

1. 아이에게 함께 참여하는 가족들의 팔 길이 만큼 떨어진 곳에 서로 서 있도록 해 주세요. 재미를 더하기 위해 스카프나 손수건을 하나씩 들고 있을 수 있습니다.
2. 한 사람이 리더 역할을 할 것이라고 설명합니다. 다른 사람은 거울처럼 가능한 한 정확하게 리더가 보여주는 동작을 따라 합니다. "우리의 목표는 마음이 완전 하나가 돼서 완전 똑같아지는 거야!"라고 말해 줍니다.
3. 리더에게는 얼굴 표정부터 시작하여 간단하고 느린 동작부터 시작하도록 해 주세요.
4. 나머지 가족들이 리더의 움직임을 따라가면, 리더에게 좀 더 복잡한 동작을 만들도록 합니다. 웅크리고 서거나 전신을 움직이면 좀 더 복잡해질 거예요.
5. 이 활동은 혼자 하는 것이 아니라 우리 모두의 협력이 필요하다는 것을 상기시켜 주세요. 미러링하는 가족들이 따라 할 수만 있다면 리더는 복잡한 동작을 할 수도 있습니다.
6. 약 1분이 지난 후, 역할을 바꿀 시간이라고 발표합니다. 돌아가며 리더가 되고 나머지 가족들은 동작을 모두 따라 해 주세요.

7. 역할이 바뀔 때, 가능한 한 끊김 없는 연결된 상태를 유지하려고 노력해 주세요. 중간에 멈추는 시간을 가지지 않는 것이 중요하고, 리더가 따라 하는 가족들의 동작을 따라가기 시작하면 따라 하는 가족들이 리더를 이끌기 시작할 것입니다. 서로가 서로를 따라 하는 상황이 만들어지면서 동작은 서로 더 비슷해집니다.

TIP

가족끼리 키 차이가 많이 나는 경우, 키 큰 어른이 무릎을 꿇거나 작은 아이를 소파나 의자에 안전하게 서도록 하여 서로 얼굴을 보고 참여할 수 있도록 합니다. "얼굴을 마주 보는 것이 더 쉬울까, 아니면 더 어려울까? 왜 그럴까?"라고 질문해 볼 수 있습니다.

다음과 같이 질문할 수 있습니다.

- 이 활동을 할 때 너는 어떤 느낌이 들었어?
- 효과적인 리더가 되기 위해 무엇이 중요했던 것 같아? 너는 리더 역할을 하면서 어떤 느낌이 들었어?
- 리더의 동작을 따라 할 때는 뭐가 중요했던 것 같아? 너는 리더랑 따라 하는 역할 중 역할이 더 쉬웠어?
- 리더를 하다가 따라가는 사람을 하다가 다시 리더가 될 때, 이 역할을 바꾸는 것이 어렵지는 않았어? 만약 잘 되었다고 생각하거나 잘 안되었다고 생각된다면 그 이유는 무엇이었어?

에너지 뿜뿜 음악 Music to Motivate

소요시간 20분

음악이 아이의 기분을 어떻게 변화시킬까요? 아마도 노래에 따라서 어떻게 변화하는지는 달라질 수 있겠죠. 음악은 그 자체가 가지고 있는 소리에 따라 우리의 기분과 사고방식을 변화시키는 힘이 있습니다. 음악을 듣는 것은 감정과 기억, 주변의 안전이나 위협을 감지하는 뇌 부위를 활성화시키기 때문입니다. 행복한 노래를 들으면 행복한 얼굴은 더 행복해 보이고 슬픈 얼굴은 더 슬퍼 보이게 만듭니다. 음악은 마치 감정의 확성기와도 같습니다.

운동 선수들은 음악이 자신의 감정을 증폭시키는 능력을 가졌다는 사실을 오래전에 알아냈습니다. 그래서 운동선수들은 연습 중이나 경기 전에 노래를 듣습니다. 기분을 신나게 만드는 음악은 선수들의 퍼포먼스 능력을 향상시킵니다. 긍정적이고 응원이 담긴 가사는 자신감을 높이는 메시지를 스스로에게 전달하고, 활기찬 음악은 그 자체로 우리의 운동 시스템을 활성화시킵니다. 음악을 통해 활력도 얻고, 속도도 올라가고, 으샤으샤 동기도 부여되는 겁니다. 이 활동을 통해 아이와 함께 자신만의 동기 부여 노래를 찾아보세요. 선택한 후에는 정기적으로 사용해서 아이의 에너지를 뿜뿜 올리세요. 아이가 자라난 이후에서 어릴 적 힘을 받았던 이 노래를 기억할 것입니다. 그리고 나중에도 이 노래를 들으면 기분이 좋아진다는 생각을 할 것입니다.

재료: 음악 재생 장치, 종이, 연필

1. 아이들에게 사람마다 좋아하는 음식이 다르듯, 좋아하는 음악도 모두 다르다고 설명합니다. 어떤 사람에게는 이 음악을 들으면 용기가 나고 힘이 나는데, 어떤 사람에게는 그렇지 않을 수 있다는 것을 알려 주세요.
2. 아이에게 좋아하는 노래에 대해 물어 봅니다. "어떤 노래가 너에게 에너지를 채워주고 힘이 나는 느낌을 줘?"
3. 아이에게 지금부터 탐정이 될 것이라고 설명해 주세요. 탐정이 된 아이는 지금부터 자신이 들었을 때 기분이 좋아지는 노래 목록을 만들 것입니다. 여러 음악을 추천해 줄 수도 있고 함께 찾을 수도 있습니다.
4. 어떤 노래가 아이에게 에너지를 뿜뿜 해 줄 것 같은지 다른 가족들에게 물어보면서 조사 범위를 넓히도록 합니다. 노래 목록을 점점 추가해 나갑니다.
5. 바로 시간이 된다면 노래를 찾아 들을 수도 있고, 만약 바로 시간을 내기가 어렵다면 편한 시간에 함께 목록에 있는 노래들을 들어봅니다. 아이가 얼마나 에너지 뿜뿜 느낌을 받는지 생각하고 알도록 해 주세요.
6. 아이에게 이제 각 노래를 평가하는 심사위원이 된다고 이야기해 주세요. 0점부터 5점까지 점수를 매길 것인데요, 5점이 자신에게 가장 에너지 뿜뿜한 노래라고 설명합니다. 가장 높은 점수를 받은 에너지 뿜뿜 노래 옆에 별을 그립니다.

7. 에너지 뿜뿜 최고점을 받은 노래를 함께 듣고, 함께 부르거나 흥얼거리세요. 이 노래가 앞으로 아이의 '파워 송'이라고 이야기해 주세요. 아이가 기분이 좋지 않을 때, 기운이 처질 때마다 힘을 얻기 위해 이 노래를 듣거나 부를 수 있다고 설명해 주세요.

TIP

아이가 에너지 뿜뿜 노래 목록을 다 만들었다면, 다른 가족들도 에너지 뿜뿜 노래의 재생목록을 만들어 주세요. 아침에 상쾌하게 기분 전환을 하기 위해 또는 운동하기 전에 이 노래들을 재생해 보세요. 노래를 부르거나 흥얼거리거나 함께 춤을 추면 더욱 활기찬 기분을 느낄 수 있습니다.

다음과 같이 질문할 수 있습니다.

- 너는 에너지 뿜뿜 음악을 들을 때 무언가 변화가 느껴졌어? 몸에서 어떤 느낌이 들었어?
- 에너지 뿜뿜 음악을 듣는 것, 네가 직접 부르는 것, 그리고 작게 흥얼흥얼거리는 것에는 어떤 차이가 있었어?
- 에너지 뿜뿜 음악은 네가 필요로 하는 거나 네가 하고 싶은 것에 어떤 도움이 되는 것 같아?
- 네가 선택한 이 노래들을 보고 다른 사람이 너에 대해 무엇을 알 수 있게 될까? 다른 가족들이 고른 노래들을 보고 네가 가족들에 대해 알게 된 점은 무엇이었어? 너랑 어떤 부분이 비슷하고, 너랑 어떤 부분이 다른 것 같아?

Chapter 5. 연기하기와 스토리텔링

스토리텔링은 삶을 위한 연습입니다. 이는 마치 스포츠나 악기 연주 실력을 향상시키기 위한 연습과 훈련 시간과도 같습니다. 아이들이 이야기를 만들어가거나, 그림을 그리거나, 이야기 속 역할극을 하면서 자신과 다른 사람의 감정, 사람과 사람 사이의 관계, 그리고 다양한 삶의 경험들을 따라가고 발견할 수 있습니다. 연기와 스토리텔링은 아이들은 다른 사람과 함께 만들어 가는 팀워크와 대화 기술과 같은 실제적인 기술들을 연습할 수 있는 재미있는 방식입니다. 이 활동들은 아이들이 자신의 감정, 신념, 사람들의 선택에 동기를 부여하는 요소들 간의 연관성을 이해하도록 돕고 이에 관련된 두뇌 능력을 향상시키기도 합니다. 어떻게 살면 좋다는 글들은 무수히 많고, 인생에도 사용 설명서가 있는 것처럼 보입니다. 그렇다 하더라도 직접 해보면서 배우는 것이 훨씬 더 효과적이겠죠.

이 챕터에서 아이가 배우가 될 수도 있고, 감독이 될 수도 있고, 스토리 작가가 될 수도 있습니다. 어떤 역할을 하던, 이야기의 주인공은 아이입니다. 일시정지. 빨리감기. 되감기. 다시보기 등 다양한 방식으로 다시 볼 수도, 빨리 볼 수도 있습니다. 이 방법을 통해 아이는 다양한 태도와 감정을 시도해볼 수 있고, 다양하게 도출되는 이야기를 실험해볼 수 있고, 영화에 등장하는 히어로처럼 어려움들을 이겨내면서 배우는 것도 많을 것입니다. 아이들이 과거의 문제를 이해하고, 일상적인 과제들을 해결하며, 밝은 미래를 상상하며 다양한 영감을 얻을 수 있습니다. 이 과정들을 깔깔 웃으며 장난을 치거나 진지하게 참여하면서 놀이로 즐길 수 있도록 준비해 주세요.

상상의 여행 Dramatic Daydreamers

소요시간 20분

가장 좋아하는 음식을 상상해보세요. 그 음식이 어떻게 보이고, 어떤 냄새가 나나요? 음식을 젓가락으로 들거나 숟가락으로 뜰 때 어떤 소리가 날지 상상해보세요. 음식의 맛은 어떤가요? 식감은 어떻고 온도는 어떤가요? 어떤 맛이 가장 강렬하나요? 자, 어떤 느낌이 드세요? 아마도 침이 꿀꺽 고이거나, 귀밑에 침샘이 찌릿 하거나, 약간의 출출함을 느낄 수 있습니다. 음식을 상상함으로써 '맛있겠다'고 느끼는 것을 푸드 판타지라고 이야기합니다. 우리의 신체는 상상력에 반응하며, 상상력은 우리가 아는 세계 안에서 무한대로 펼쳐질 수 있습니다. 아이가 발표를 준비하고 있거나 잠자리에 누워 휴식을 취할 때에도 상상력은 아이의 기분을 변화시킬 수 있습니다. 이 놀이 활동에서는 아이가 자신이 상상하는 것을 드라마처럼 연기해보게 됩니다. 그리고 이를 통해 자신의 상상력과 몸이 주고받는 대화를 더 잘 활용할 수 있게 될 것입니다.

재료: 움직일 수 있는 공간

1. 함께 바닥에 앉아 주세요. 그리고 "지금부터 네가 어디론가 숑 여행을 다녀오는 것을 상상하고 그것들을 이야기로 우리에게 들려 주는 시간이야."라고 설명해 주세요. 아이가 만드려는 이야기의 분위기가 어떤 것인지 물어 주세요. "네가 지금부터 하려는 이야기가 편안한 분위기야, 아니면 막 신나고 활기찬 분위기야? 혹시 무서운 분위기일까?"라고 물을 수 있습니다.

2. 아이가 이야기를 펼쳐내면, 함께 중요한 동작을 연기할 것이라고 설명합니다.
3. 어디로 여행하고 싶은지 물어 봅니다. 질문은 현실적인 공간과 비현실적인 공간이 모두 나올 수 있습니다. 우주, 디즈니랜드, 친척 집, 심해 등 어디든 좋습니다.
4. 그곳에 갔다가 돌아오는 상상의 이야기를 만들 수 있게 도와주세요. 아이가 이야기를 휙휙 넘어갈 경우, 잠시 멈춰서 아이에게 주요 세부 사항을 채워달라고 요청합니다. 예를 들면, "그래서 우리가 입는 것이…? 또는 "우리가 우주에 갈 때는 어떤 옷을 입어?"
5. 몸을 움직여 이야기의 디테일을 연기합니다.
6. 긴장이 스르르 풀리는 내용이나 에너지가 가득 채워지는 부분에서는 세부사항들을 과장하면서 표현해 주세요. "해변에 누워 있으면 정말 너~무너무 편안해. 온몸을 모래 속으로 스르르르 더 깊숙이 파묻어보자. 따듯했는데…와!! 모래 안은 또 시원한 것 같아!" 또는 "우리가 지금 쫓기고 있어!! 뒤에!! 뭐지? [아이가 무엇이 쫓아오는지 이름을 말할 수 있도록 잠시 멈추세요] 맞아!!! 서둘러, 더 빨리 노를 젓자!"

TIP

아이가 에너지가 채워지는 느낌의 이야기가 더 도움이 되는지, 긴장이 풀리고 편안해지는 느낌의 이야기가 더 도움이 되는지 스스로 알 수 있도록 해 주세요. 해야 할 과제들이 많아서 피곤하고 졸린 상황이라면 에너지를 채워주는 이야기를 만드는 것이 좋습니다. 아이가 지나치게 흥분한 상태라면 편안한 이야기를 만들도록 해 주세요.

장난꾸러기 인형 Playful Puppets

소요시간 20분

우리 주변에는 인형이 참 많아요. 인형은 어디에나 있죠. 손바닥을 펼쳐 보세요. 손도 인형입니다. 솜이 들어있는 봉제인형은 당연히 인형이고요, 포크나 숟가락도 인형입니다. 인형은 다양한 역할을 맡을 수 있어서, 아이가 다양한 감정, 관계, 시나리오를 인형과 함께 연기할 수 있습니다. 인형은 아이의 목소리가 될 수도, 친구가 될 수도, 또는 아이의 적이 될 수도 있습니다. 어떤 역할을 하든 인형은 아이들이 삶을 이해하는 데 도움을 줍니다. 이 활동을 통해 인형이 주는 즐거움을 일상에 녹여보세요.

재료: 인형이라고 아이가 발견한 물건들, 인형을 만들기 위한 공예재료(선택사항)

1. 어떤 것이든 인형으로 만들 수 있습니다.
   - 양말 안에 손을 넣어봅니다.
   - 돌에 얼굴을 그려봅니다.
   - 종이컵에 이목구비와 팔다리를 붙입니다.
   - 어두운 방에서 그림자 인형을 만듭니다.

2. 함께 인형을 만들 수도 있고, 아이가 인형이라고 설정한 물건을 잡고 움직여 볼 수도 있습니다. 독특한 목소리를 내보세요. 인형을 통해 “안녕”이라고 말하고 아이에게 자신을 소개해 달라고 요청하세요.

3. 인형을 사용하여 아이에게 중요한 주제에 대해 물어 보세요. 잠자리에 들기, 새로운 학원, 학교, 친구, 새로운 변화 등 무엇이든 좋습니다
4. 아이가 인형과 대화하기를 거부한다면, 아이가 직접 인형을 움직여 대답하도록 이끌어 주세요. 이렇게 하면 정서적 거리가 좁혀집니다.
5. 만약 아이가 여전히 인형을 통해 불편한 주제에 대해 이야기하는 것을 거부한다면, 대신 부모의 인형으로 시나리오를 연출해 볼 수 있습니다. "안녕, 나는 여기 처음 왔어" 또는 "우리 같이 치과 놀이 할래?"

TIP

직접적인 방식을 사용하던 간접적인 방식을 사용하던, 인형극에서는 감정을 소개하도록 해 주세요. 부모의 인형이 "네가 어떻게 느끼는지 궁금해"라고 말할 수 있습니다. 또는 인형이 감정 표현을 모델링할 수 있습니다. "나는 무서워."

감정 축제 Feelings Extravaganza

소요시간 5분

"긍정적으로 살아야 합니다."라고 대부분 이야기하고 있지만, 사실 싫은 일을 할 때 항상 밝은 태도를 취하지 않아도 괜찮습니다. 긍정적인 마음가짐은 지루한 일을 더 쉽게 만들 수는 있지만, 때로는 짜증스러움을 받아들이고 어쨌든 작업을 완료하는 것이 더 현실적일 수도 있습니다. 이 활동은 아이가 별로 즐겁지 않은 일을 하는 동안 짜증을 내도 된다는 허락이 포함됩니다. 사실, 참여하다 보면 아이는 이를 일부러 과장할 수도 있습니다. 아이가 최선을 다해서 연기를 하는 동안 아이는 자신이 하는 일에 대해 웃음이 터질 수도 있고 자신의 감정을 더 솔직하게 바라보는 시간을 가질 것입니다.

재료: 상상력

1. 아이가 해야 할 일들을 하기 싫다고 하고 있을 때, 새로운 것을 시도해보자고 합니다. "자, 이제부터 네가 배우가 되는 거야. 엄마는 영화 감독이 될 거야. 그리고 지금부터 어떤 장면을 연출할거야. 너는 배우니까 연기를 하면 돼."라고 말합니다.
2. 아이의 현재 활동과 기분에서 시작되는 과장된 표현을 하도록 해 주세요. 이제부터 장면을 소개합니다: "장면 1. 주인공이 책을 보고 있다가 양치질 하라는 말을 듣는다. 주인공은 재미있게 책을 보고 있었는데 하기 싫은 양치질을 하라니 충격을 받는다. 자, 이제 카메라 촬영 들어갑니다!"

3. 아이가 가상 카메라를 향해 열심히 촬영하도록 해 주세요. 손가락으로 카메라 렌즈처럼 들어보면서 아이를 따라갈 수도 있습니다. 실제 핸드폰 카메라로 촬영을 한 후, 모든 연기가 끝난 후 함께 재생하며 즐길 수도 있습니다.
4. 동일한 장면을 반대 느낌으로 다시 촬영합니다. "자, 이제 보여 주세요! 주인공이 양치질에 열광하는 모습! 두 번째 촬영 들어갑니다! 카메라 촬영 들어갑니다!"
5. 이어서 다음 장면도 계속 재미있게 연출해서 과장된 감정을 표현할 수 있게 합니다. 예를 들어, 양치가 너무 싫어서 울면서 싱크대로 걸어가기, 칫솔과 사랑에 빠진 채 이를 닦기, 치약 냄새가 고약해서 냄새를 싫어하며 양치하기 등.

TIP

만약 아이가 어리광을 부려서 요구된 과제를 수행할 수 없는 경우라면, 감독과 배우 캐릭터에서 벗어나서 명확하게 기대치를 설정하세요. "이제 재미있게 놀았으니 양치질할 시간이야."

갈등 해결 만화 Conflict-Solving Comic Strips

소요시간 20분

우리는 독자의 입장에서 만화를 한컷 한컷씩 읽지만, 만화 작가는 한컷 한컷 그려나가기에 앞서 중요한 두 가지를 먼저 설정하고 그려나갑니다. 바로 갈등, 그리고 해결입니다. 이 중요한 스토리의 틀이 결정된 이후에 캐릭터들의 행동은 나중에 채워지게 됩니다. 원하는 결과를 알고 있다면, 그 결과에 도달하기 위하여 어떤 행동을 취해야 하는지 더 명확해지겠죠. 이 활동은 아이가 행동과 결과 간의 관계를 파악할 수 있도록 도와줍니다. 다양한 결말을 시도 해보면서 어떤 경로를 통해 결말에 도달할 수 있는지 알아볼 수 있습니다.

재료: 종이(어떤 종류든 가능), 연필, 자(선택사항)

1. 만화그림이 그려질 수 있는 만화의 칸을 4개 도화지나 종이 위에 옆으로 나란히 그립니다. 네모 칸 하나하나는 만화를 위한 프레임이 됩니다. 자를 대고 그릴 수도 있지만, 손으로 자유롭게 그릴 수도 있습니다.
2. 방금 그린 만화 칸 아래에 동일한 크기의 네모 칸을 그립니다.
3. 시험을 망쳤거나 친구가 화를 내는 등 원치 않은 결과를 초래한 문제에 대해 이야기합니다. 아이에게 맨 위 만화의 마지막 네모 칸에 원치 않은 결과를 그리도록 합니다.
4. 어떤 요인으로 인해 원치 않은 결과에 도달하게 되었는지 생각해 보고, 그 원인을 첫 번째 칸에 그리게 합니다. 시험을 망친 만화의 첫 칸에는 시험 전날 게

임하고 있는 모습, 친구가 화를 낸 만화의 첫 칸에는 친구가 아끼는 볼펜을 허락없이 사용하는 모습 등이 그려질 수 있습니다. 중간 두 개의 칸에는 첫 번째 사건과 결과 사이에 일어난 생각, 감정, 행동 등을 채워 넣도록 해 주세요.

5. 하단 만화의 첫 번째 칸에는 같은 내용을 그려줍니다. 그리고 아이가 그 상황에서 바랬던 결과를 마지막 칸에 그리도록 해 주세요.
6. 함께, 새로운 결말로 이어질 대체 가능한 행동을 찾아서 그립니다. 예를 들어, 시험 전날 게임을 했지만, 걱정되는 마음이 들었고, 밤 늦게까지 공부를 해서 시험을 잘 볼 수 있습니다. 또한 친구가 아끼는 펜을 말없이 썼지만 친구에게 솔직하게 말하고 사과를 해서 화를 내지 않는 결말을 만날 수도 있습니다.

TIP

사람 그리기를 어려워하는 아이에게는 막대기형 사람 그림이나 간단한 도형을 그려도 된다고 말해 주세요. 그림 안에는 생각 말풍선과 대화 말풍선을 포함시켜 주세요. 아이와의 감정적 거리를 가까이하기 위해서 '아이'가 무엇을 할 것인지가 아니라 '캐릭터'가 어떻게 다르게 행동할지를 물어 봅니다.

우주의 영웅 Masters of the Worry-verse

소요시간 20분

많은 할리우드 영화들은 비슷비슷한 매력적인 스토리라인을 가지고 있습니다. 대부분 영웅의 여정에 대해 다루고 있죠. 이러한 형식은 대체로 또 비슷한데, 주인공이 이 모험을 왜 해야 하는지에 대한 당위성이나 소명이 등장하고, 주인공을 도와주는 현자나 멘토가 있으며, 주인공이 극복하기 어려울 것처럼 보이는 악당이나 시련이 덮칩니다, 그리고 이를 잘 해결할 경우 기분 좋은 보상이 따릅니다. 마지막으로 좋은 변화가 포함되며 이야기는 끝이 납니다. 이 방식은 뻔한 느낌이 들지만 우리의 흥미를 끌고, 다양한 감정을 느끼게 하고, 공감을 불러일으킵니다. 이 활동을 통해 아이는 미지의 세계로 안전하게 여행하면서 자신의 우주의 주인이 되는 경험을 할 수 있습니다. 아이의 스토리텔링 능력은 '만약에 이렇게 되면 어쩌지'라는 걱정에서 '다음은 뭘까?'라는 도전적 태도로 바뀌게 될 것입니다.

재료: 종이, 필기도구, 두 개의 상자, 가위

1. 한 개의 상자에 '걱정거리'라고 라벨을 써붙이고 다른 상자에는 '이야기 세부사항'이라고 써서 라벨을 붙입니다.
2. 아이와 함께 상의해서 영웅이 가질 수 있는 걱정을 작성내 나갑니다. 어린 시절에 흔히 겪는 걱정(이별)과 환상적인 걱정(용의 침입)과 같은 내용을 포함 시킬 수 있습니다. 적은 걱정거리들을 잘라서 걱정 상자 안에 넣습니다.
3. 그다음으로 영웅을 돕는 캐릭터, 배경, 마법의 물건 등을 종이에 함께 적습니

다. 요정, 치타, 섬, 블랙홀, 왕관, 물약 등 환상적인 이야기라면 뭐든 좋습니다.

4. 아이에게 랜덤으로 '걱정' 상자와 '이야기 세부사항' 상자에서 자유롭게 뽑도록 합니다. 최대 5장을 넘기지 않도록 해 주세요.
5. 무작위로 선택한 단어를 사용해서 함께 이야기를 만들어갑니다. 일반적인 영웅의 여정이야기를 따라가 보세요. 모험이 시작되고, 시련이 일어나고, 보상이 주어지고, 긍정적으로 변화하고 영웅은 귀환합니다.
6. 걱정을 극복하는 것이 모험의 중요한 요소라는 것을 확인시켜 주세요.
7. 이야기의 큰 틀만을 제공하고 아이가 중요한 세부사항을 직접 만들어 갈 수 있도록 시간을 가지고 기다려 주세요. 예를 들어, "갑자기 그들은 보았구나. 누굴…?[일시정지]"

TIP

"그런 일은 결코 일어나지 않을 거야."라고 말하며 현실적인 걱정을 무시하는 방식으로 이야기하지 마세요. 대신, 아이에게 스토리텔링을 통해 걱정을 해결하도록 유도해 보세요. "다음에 무슨 일이 일어날까? 또 누가 나올까? 이야기는 어떻게 끝날까?"라고 물을 수 있습니다.

타임캡슐 Time Capsules

소요시간 20분

타임캡슐은 스토리텔링에 사용될 수 있는 독특한 유형의 물건입니다. 타임캡슐 안에 있는 물건들은 그것을 넣은 사람의 이야기를 담고 있습니다. 타임캡슐은 또한 과거와 미래를 연결해서 우리가 어떻게 변화하거나 변화하지 않았는지에 대한 이야기를 들려줍니다. 아이와 함께 아이의 인생에서 중요한 인물과 사건을 함께 탐색해 보세요. 아이가 나중에 미래에 타임캡슐을 다시 열었을 때, 자신의 이야기가 어떻게 변화했는지 확인하며 놀라워 하는 모습을 볼 수도 있습니다.

재료: 작은 용기(휴지심, 상자, 뚜껑 달린 통 등), 마커, 종이, 테이프, 의미 있는 물건(사진, 상장, 그림)

1. 타임캡슐로 사용할 용기를 함께 선택합니다.
2. 아이가 용기를 꾸미도록 해 주세요. 가족이 함께 타임캡슐 내용을 채울 때에는 용기를 꾸미는 것도 함께 할 수 있습니다.
3. 아이에게 가장 중요한 것이 무엇인지에 대해 같이 토론해 주세요. 가장 좋아하는 것뿐만 아니라 지난 일년 간의 의미 있는 경험들을 떠올리면서 이야기할 수도 있습니다.
4. 아이가 어떤 사람인지, 어떤 삶을 살아왔는지를 나타내는 의미 있는 물건(예: 가족사진, 그림, 상장, 리본, 좋아하는 활동을 대표하는 물건)을 모아 주세요.
5. 어려움이나 힘든 상황이나 대상을 상징하는 물건도 추가할 수 있습니다. 이것

들 또한 아이의 삶이자 이야기의 일부가 됩니다. 미래에 대한 꿈이나 목표를 종이에 적도록 할 수도 있습니다.

6. 용기 안에 물건을 함께 넣고 뚜껑을 닫으세요.

TIP

캡슐을 언제 다시 열지 날짜를 함께 정해 주세요. 나중에 정확히 그 날짜에 오픈하는 것을 잊어버렸다 하더라도 제작 과정 자체가 정체성 발달의 핵심요소입니다. 이 활동은 아이가 자신과 자신의 경험에 대한 이야기하는 것이 중요한 과정입니다.

플립북 사이사이 Frenzied Feelings Flipbook

소요시간 20분

아이가 무슨 일이 일어났는지를 깨닫기도 전에 감정이 폭발하는 것을 본 적이 있나요? 우리는 이를 "1초만에 0에서 100"이라고 부릅니다. 멈출 수 없을 정도로 빠르게 일어나 버리는 거죠. 하지만 혹시 이걸 알고 있었나요? 애니메이션의 세계에서는 1초를 표현하기 위해 24개의 개별 그림을 필요로 한다는 것을요. 그렇게 생각하면 갑자기 1초는 아이가 통제 불능 상태가 되기 전에 상황을 진정시키기에 상당히 충분한 시간처럼 느껴집니다.

재료: 포스트잇, 그리기 도구

1. 고학년 아이의 경우, 큰 포스트잇 24장을 준비합니다. 저학년 이하의 아이라면 다섯 장 정도 준비합니다. 반드시 포스트잇이 아니어도 됩니다. 24장 정도의 미니 노트가 있다면 제품을 사용해도 좋습니다.
2. 화를 내기 전에 자신의 감정을 표현할 수 있는 물건이나 모양을 맨 위의 포스트잇에 그리도록 합니다. 동그라미나 하트처럼 간단하게 그릴 수도 있습니다.
3. 다음 포스트잇에는 같은 물체를 그리되 약간 변형하여 속상함의 초기 징후를 그리도록 합니다. 하트에 작은 흠결이 생기거나 동그라미가 약간 커질 수 있습니다. 추가로 캐릭터나 다른 사물을 포함하여 더 복잡한 그림을 그릴 수도 있습니다.
4. 포스트잇을 하나 더 붙일 때마다 물체를 계속 바꿔가며 감정의 변화를 그려낼

수 있도록 합니다.

5. 작업이 끝나면, 포스트잇을 함께 모아 플립북을 만들고 책자를 넘겨가며 감정이 움직이는 것을 확인합니다.

TIP

어떤 페이지가 자신의 감정을 진정시킬 수 있는 선택을 할 수 있는 시점인지 골라보고 논의해보세요. 천천히 숨을 내쉬기, 숨을 들이마시기, 또는 노래를 흥얼거리기 등의 행동들이 있을 수 있습니다.

그래, 그리고! Yes, And!

소요시간 20분

"아냐, 그런데"라고 말할 때 아이는 어떤 반응을 보이나요? 어떤 부분이 눈에 띄나요? 이제 "그래, 그리고"라고 말해보세요. 어떤 차이가 있나요? "그래, 그리고"라고 표현하는 것을 더 기분 좋아 할 것입니다. "그래, 그리고"라는 말을 들으면 우리는 소속감을 느끼고 우리의 의견을 중요하게 다뤄지고 있다고 느낍니다. 고전적인 연극게임을 활용하여 서로의 생각이 다를 때에도 서로의 생각을 존중하는 연습을 해볼 수 있습니다. 이 게임은 협동심을 기를 수 있는 연습이자, 재미있는 결과도 얻을 수 있습니다.

재료: 움직일 수 있는 실내 또는 실외 공간

1. 서로 마주보고 앉거나 서서 이 연극게임을 즐길 수 있습니다.
2. 하나의 이야기에서 하나의 이야기를 이어 나갈건데, 짝의 의견에 우선 동의하는 것이 이번 활동의 목표라고 설명합니다. 새로운 이야기를 추가하기 전에 항상 "그래, 그리고"로 시작하는 규칙입니다.
3. 시작하기 위해 "오늘 학교에 갔어" 또는 "개를 봤어"와 같은 간단한 시나리오를 말합니다.
4. 아이에게 "그래, 그리고"를 먼저 대답한 다음 이야기를 이어가도록 해 주세요. 예를 들어, "그래, 그리고 그 개가 달리고 있었어." 또는 "그래, 그리고 그 개는 사실 고양이였어."와 같이 창의적이고 자발적으로 이야기할 수 있도록

해 주세요.

5. 함께 작업하는 가족은 "그래, 그리고"로 대답한 다음 아이의 이야기에 덧붙여서 이야기를 이어 나가 주세요. 최소한 다섯 번씩 번갈아 가며 이야기를 이어 나가세요. 원하는 만큼 길게 만들어 볼 수 있습니다.
6. 그다음으로는 일상생활의 이야기로 새로 시작해서 문장을 이어 나가 주세요. "숙제가 많아요." 또는 "집이 너무 지저분해요."와 같은 문장이 될 수 있습니다. 그리고 그 다음도 역시 "그래, 그리고"로 시작하는 문장으로 서로 이어가 주세요.

TIP

"그래, 그리고"라고 말하는 것이 "아니, 하지만"이라고 말하는 것보다 더 효과적일 수 있는 다른 상황에 대해서 함께 상의해 보세요. 그러나 무조건 "그래"가 답은 아닙니다. "아니"라고 말해야 하는 상황에 대해서도 함께 상의해 주세요. 안전에 관련된 상황이나 건강에 관련된 것, 그리고 서로를 더 존중하기 위해서 필요한 "아니"를 찾아 주세요.

나의 변화 이야기 책 My Changing Story Book

소요시간 25분

모든 사람들은 각각 가지고 있는 생각이 다릅니다. 그렇기에 변화와 성장에 대해서도 서로 다른 감정과 신념을 가지고 있습니다. 우리아이는 커가면서 더 이상 못쓰게 된 물건들을 쉽게 정리하나요? 아니면 모두 다 끌어안고 가지고 있는 것을 좋아하나요? 어린 시절의 물건들을 정리하는 것은 인생의 한 챕터가 끝나고 또 다른 이야기가 시작됨을 의미합니다. 이 활동을 통해서 아이의 과거와 현재의 모든 챕터들을 축하하고 기념해 주세요. 물건이 사라져도 아이들의 이야기는 늘 남아있다는 것도 강조해 주세요.

재료: 어릴적 읽던 버려도 되는 책, 다양한 삽화 재료(예: 아이의 그림, 사진, 잡지 자른 조각 등), 가위, 풀, 색칠도구(선택사항)

1. 미술도구와 그림, 혹은 사진으로 페이지를 바꿔서 어릴 적 읽었던 책으로 새로운 책을 만들 것이라고 설명해 줍니다.
2. 아이가 직접 새로운 제목을 짓도록 해 주세요. 예를 들어 〈나를 축하해〉, 〈나의 이야기〉, 〈시간 이동〉 등이 될 수 있습니다.
3. 종이에 제목을 쓰고 책 표지에 붙이도록 해 주세요.
4. 아이에게 페이지를 바꿀 수 있는 방법들을 설명해 주세요. 사진이나 잡지 사진을 이용할 수 있고, 다른 곳에서 가져온 그림을 붙이거나, 페이지에 직접 미술도구로 그림을 그리거나, 페이지에 중요한 단어에 동그라미 치거나 다른 단어

를 검게 칠할 수도 있습니다.

5. 페이지를 완전히 덮을 수도 있고 덮지 않을 수도 있다고 설명합니다. 원본 페이지의 일부가 보여도 상관없다고 이야기해 주세요. 풀을 이용할 경우에는 원치 않는 페이지와 페이지가 서로 달라 붙지 않도록 주의하세요.
6. 완성이 되었다면, 변화된 책을 '읽어' 달라고 합니다. 아이가 생각하기에 중요한 부분들을 설명하면 된다고 설명해 주세요.

TIP

성장한다는 것이 아이에게 어떤 의미인지 함께 나눠 주세요. 이 세상은, 또 나는 어떻게 변해가고 있나요? 변화한다는 것의 좋은 점과 좋지 않은 점은 무엇인가요? 물리적인 물건에 집착하지 않으면서 소중한 이야기를 간직할 수 있는 방법에는 무엇이 있을까요?

액체괴물 건네기 Pass the Putty

소요시간 5분

우리 아이는 반려동물이나 식물, 그리고 친구들을 잘 돌보는 편인가요? 아이들은 어른들에게도 돌봄을 선물합니다. 아이들은 부모님이나 자신을 돌봐주는 사람들에게 작은 도움을 줄 수도 있고, 어른들을 미소 짓게 만들어 주기도 하니까요. 자신이 다른 사람들을 돌볼 수 있다는 것을 아는 것은 돌봄을 받는다는 느낌만큼이나 가치 있는 일입니다. 내가 누군가를 돌볼 수 있다는 감각은 아이의 친절함과 책임감을 키워 줍니다. 남을 돌보는 능력은 아이 스스로 자신을 돌보는 능력도 키워줍니다. 여기에서는 아이들이 돌볼 수 있는 특별한 무언가가 등장합니다. 아이들에게 손을 내밀어 준비하게 해 주세요!

재료: 상상력

1. 아이에게 "자, 이제부터 돌봄이 필요한 어떤 특별한 것이 있는 척을 할거야. 그것은 액체괴물 같은건데, 네가 돌봐주는 것에 따라 모양이 변해."라고 설명합니다.
2. 손에 무언가를 쥐고 있는 척을 합니다. 상상의 물체를 살펴봅니다. "어때? 이건 무거울까? 푹신푹신할까? 쭉쭉 늘어나고 신축성이 있나? 상상의 액체괴물을 생각나는 대로 자세히 묘사해 보도록 합니다.
3. 이 상상의 액체괴물을 뭐라고 부를지 이름을 지어 주세요. 이를 테면 "내 마음", "폭신한 다이아몬드", "느릿느릿 나무늘보"와 같이 다양하게 창의성을

발휘하도록 해 주세요. 보이지 않는 물체를 아이에게 건네 주는 연기를 해 봅니다.

4. 아이에게 상상의 액체괴물을 가지고 놀면서 돌봐 주도록 합니다. "어떻게 돌볼 거야?"라고 물어 봅니다. 아이가 돌보는 동안 물체가 어떻게 변하는지 궁금해 합니다. 상상의 액체괴물이 어떻게 변하고 있는지 아이에게 설명하도록 해 주세요.
5. 아이에게 상상의 액체괴물을 건네주라고 합니다. 부모가 새롭게 돌봐 주고 변하는 모양을 설명해 줍니다.
6. 계속해서 물체를 주고받으며, 각각 돌봄을 제공하고 변화하는 모습을 묘사해 주세요.

TIP

상상 속 물체에 대한 더 많은 아이디어가 필요한가요? 다음과 같은 질문들을 활용해서 영감을 불러일으켜 보세요. 액체괴물은 어떤 향기가 나? 어떤 소리를 내나? 겉모습은 어떤 색깔이야? 얼마나 딱딱해? 혹시 물렁물렁 액체같은가? 끈적거리지는 않아? 혹시 뾰족한가? 온도는 어때? 차가울까? 아니면 뜨거울까? 다리는? 다리는 있어? 발은? 손바닥은?

다르게 써보기 Perplexing Props

소요시간 20분

우리 아이는 창의적인 천재일 수도 있습니다. 나사(NASA)의 한 연구에 따르면 어린아이들의 98%가 창의력에서 매우 높은 점수를 받는 것으로 나타났습니다. 이는 아이들의 머릿속이 자연스레 다양한 방향으로 움직이며, 한 가지 문제에 대해서 무수한 해결책을 찾기 때문입니다. 안타깝게도, 창의력은 나이가 들면서 감소합니다. 오직 2%의 성인만이 다섯 살의 어린이만큼 높은 점수를 받습니다. 하지만 걱정하지 마세요. 이 활동은 여러분의 아이가 틀에 박힌 생각을 벗어나 흐름을 따라가도록 도와줄 것입니다.

재료: 대형 쇼핑백 또는 상자, 무작위 물건들(장난감, 가정용품, 발견된 자연물), 타이머(선택사항)

1. 아이와 함께 큰 가방 안에 넣을 물건을 무작위로 수집합니다. 이것이 게임의 소품이 될 것이라고 설명합니다.
2. 아이에게 가방에서 한 가지 물건을 들여다보지 않고 꺼내 보라고 합니다. 소품을 독특한 방식으로 사용하여 자연스레 장면을 구성할 것이라고 설명합니다. 아이에게 물건이 원래 가지고 있는 역할과는 다른 방식으로 사용해야 한다고 말해 주세요.
3. "액션!"이라고 외치세요. 아이가 소품을 사용하여 자발적으로 장면을 연기하도록 격려합니다. 아이가 보여주는 흐름을 따라가면서 그 장면에 참여합니다.

4. 원하는 경우, 2분 타이머를 설정하여 장면이 멈추도록 신호를 보냅니다.
5. 아이에게 물건을 건네 받습니다. 물건을 받은 후, 아이가 설명한 방식과 다른 방식으로 같은 물건을 사용하여 새로운 장면을 만듭니다. 아이가 다른 사람이 만든 새로운 장면에 함께 참여하도록 해 주세요.
6. 이제 가방에 손을 넣어 새로운 물건을 고른 후 이 과정을 반복합니다.

TIP

규칙을 엄격하게 준수하는 아이들은 기존의 물건 역할에서 벗어난 생각을 하기 어려워 할 수 있습니다. 그렇다면, 먼저 너무 무리하지 않은 선에서 흔하지 않은 용도로 놀이를 해 봅니다. 조금씩 조금씩 더 새로운 아이디어로 확장해 나갑니다.

자랑스러운 동상 Proud Statues

소요시간 20분

우리 아이는 이제 곧 자신이 무언가 자랑스러운 일을 해낸 장면이 펼쳐지는 곳의 주인공이 됩니다. 아마 아이가 어떤 도전을 했다거나, 어려움을 극복했거나, 다른 사람을 도와주었던 모습이 될 수 있을 것입니다. 그것이 어떤 장면이든, 아이는 이런 상황에서 자부심을 느꼈을 것이고, 다시 그 장면을 만나면서도 자부심을 또다시 느낄 것입니다. 아이가 칭찬받는 것에 이미 익숙한 상황일 수도 있고, 어쩌면 조금은 익숙지 않은 역할에 도전하는 상황일 수도 있습니다. 어떤 상황이라도 상관없습니다. 이 활동을 통해 자신이 잘 해냈던 사건의 멋지고 즐거운 기분을 만끽할 수 있을 것입니다. 아이들에게 상상력을 마음껏 발휘하도록 해 주세요.

재료: 실내 또는 외부의 움직일 수 있는 공간

1. 아이에게 자신이 자랑스러웠었던 실제 사건, 혹은 자랑스러울 것 같은 상상의 장면을 떠올리도록 해 주세요. 그림 그리기 대회에서 상을 받은 것 같은 실제 사건도 가능하지만, "나는 달리기 경주에서 우승한 치타야!"와 같이 상을 받는 캐릭터를 설정할 수도 있다고 설명해 주세요.
2. "액션!"이라고 외칩니다. 아이에게 캐릭터가 방금 한 일에 대해 기분이 좋아지는 장면을 연기하도록 합니다. 이 캐릭터의 행동과 감정을 5~10초 정도 연기하도록 합니다.
3. "얼음!"이라고 외치고 제자리에 멈추도록 합니다.

4. 이제, 아이와 함께 '자랑스러운 동상' 상태로 심호흡을 하면서 내면의 자랑스러운 느낌을 쌓도록 합니다.
5. "엄마가 지금부터 숫자를 셀 거야. 우리 진짜 세계로 돌아왔을 때 가장 먼저 할 말을 생각하고 있어봐. 계속 캐릭터에 집중하는 거야. 하나, 둘, 셋! 자, 이제 돌아와서 말해보자."
6. 아이에게 이 세계로 돌아온 세레모니를 하도록 합니다. 고개를 숙여서 멋지게 인사할 수도 있습니다. 가족들은 돌아온 아이에게 환영의 박수를 보내줍니다.

TIP

새로운 캐릭터와 시나리오로 자랑스러운 이야기 주제를 반복하거나 아이에게 새로운 감정을 연기하도록 합니다. 서로 다른 캐릭터 간의 차이점과 유사점에 대해 이야기할 수 있습니다.

나의 적응 앨범 Adjustment Album

소요시간 25 분

예측 가능하다는 감각은 안전한 느낌을 줍니다. 아이들은 아직 자아에 대한 감각이 안정되어 있지 않기 때문에 안정감을 얻기 위해서 일관된 환경에 의존하게 됩니다. 아이가 세상을 헤쳐 나가는 데 자신감을 가지게 되면, 아이들은 해낼 수 있다는 확신을 가지고 더 큰 도전을 할 수 있습니다. 아이들 입장에서는 새로운 학교에 입학하거나 새 집으로 이사하는 것이 괴로울 수 있습니다. 익숙해지기 전까지는 새로운 환경은 예측할 수 없는 것처럼 느껴지기 때문입니다.

창의적인 스토리텔링은 새로운 환경을 마주했을 때의 통제감을 높입니다. 아이의 이야기를 찰칵 사진으로 찍는 것은 아이와 새로운 환경 사이에 거리감을 만들어줍니다. 이는 아이가 자신의 상황을 떨어져서 객관적으로 관찰할 수 있게 만들어주죠. 오래된 공간을 그림으로 그리는 것은 아이들에게 오랫동안 함께 해오던 곳들의 소중함을 일깨워줍니다. 이미지에 라벨을 붙이는 활동을 통해서 아이들은 오래된 공간과 새로운 공간이 자신에게 어떤 의미인지 표현할 수 있습니다. 아이들은 사진을 찍고, 그림을 그리고, 자르고, 붙이고, 글을 쓰게 됩니다. 완성 후에는 함께 이야기를 읽어줍니다.

재료: 도화지 또는 색종이(어떤 종류든 가능), 스테이플러, 그리기 도구, 풀, 카메라와 프린터(둘 다 선택사항)

1. 아이에게 이전에 익숙했던 환경(집, 학교, 동네)과 새로운 환경의 사진과 그림을

사용하여 앨범을 만들 것이라고 설명합니다.

2. 과거에 아이가 있던 공간을 사진으로 찍지 못하는 경우, 그림을 사용하거나 온라인에서 사진을 인쇄하거나 학교 또는 시 안내 책자에서 사진을 오려서 사용할 수 있습니다.
3. 종이를 반으로 접어서 스테이플러로 5~10장 분량의 빈 책을 만들도록 도와주세요.
4. 아이가 속했던, 그리고 지금 속해 있는 환경의 중요한 부분에 대해 이야기합니다. 예를 들어, 학교에서는 교실, 책상, 점심시간, 운동장, 선생님, 학교 현관이 포함될 수 있습니다.
5. 아이가 책에 붙일 이미지(사진, 인쇄물, 스크랩)를 모아 주세요. 이전 공간과 새로운 공간의 이미지를 모두 모을 수 있도록 도와주세요.

6. 포함시키고 싶은 부분 중 그림에서는 빠진 부분이 있다면 추가로 그릴 수 있도록 해 주세요. 그림 속에 자기 자신을 그려 넣을 수 있도록 합니다.
7. 아이가 원하는 대로 이미지를 책 안에 배치하도록 해 주세요. 그림은 시간 순서대로 되어있을 필요는 없습니다. 풀칠하는 것이 어렵다면 도와주세요.

8. 각 이미지에 제목을 지어 주도록 합니다. 그림의 내용을 글로 적도록 하는데, 만약 아이가 글쓰기를 어려워 한다면 도와줄 수 있습니다.

TIP

어린이는 어른이 보기에는 적절하지 않은 그림 제목을 만들 수도 있습니다. 괜찮습니다. 주제나 중요한 의미를 찾아보세요. 예를 들어, 모든 사진의 제목이 "엄마가 보고싶어요"라면 무언가를 알려 주는 것입니다.

다음과 같이 질문할 수 있습니다.

- 너의 앨범에서 네가 가장 좋아하는 부분은 어디야? 가장 마음에 들지 않는 부분은 어디야? 왜인지, 어떤 부분인지 더 자세히 설명해줘.
- 네가 만든 그림과 글을 같이 읽어보자. 어떤 이야기가 있는지 들려줄 수 있어? 아니면 엄마가 읽어줄까? 만약 엄마가 읽으면, 더 자세한 내용을 덧붙여 줄 수 있지?
- 이야기는 어떻게 끝나? 행복하게 끝날까, 아니면 스릴 만점으로 끝날까? 혹시 다음편도 있는걸까?

나를 도와주는 선원들 Crewmate Chronicles

소요시간 20분

우리는 우주선이나 우주왕복선에서 생활하고 일하지는 않지만, 인생을 하나의 큰 배로 보았을 때, 코치, 멘토, 선생님, 부모님, 친구들 등 선원들처럼 우리 모두의 삶에는 목표를 향해 나아갈 수 있도록 도와주는 사람들이 있습니다. 선원들은 우리 주변에 늘 있습니다. 하지만 우리를 도와주는 사람이 존재한다는 사실을 자주 잊고 살곤 합니다.

뇌는 긍정적인 면보다는 부정적인 문제점에 집중하고 이를 크게 보는 경향이 있습니다. 심리학에서는 이런 경향성을 '부정적 편향'이라고 부릅니다. 이런 경향이 생긴 이유는 인류가 위험을 경계하고 앞으로 비슷한 상황을 피하기 위해 안전장치를 만들어 왔기 때문입니다. 인류는 생존에는 성공했지만, 단점이 생겨버렸습니다. 우리는 불쾌한 기억과 감정에 쉽게 갇히게 되었죠. 우리 뇌의 자연스러운 부정성에 대응하려면 긍정성을 연습할 기회를 찾는 것이 중요합니다. 이 활동에서는 아이는 자신의 선원동료들, 자신의 위치 및 역할을 기록함으로써 긍정성을 연습할 수 있습니다. 아이가 배의 지도를 작성하고 모든 선원들을 확인할 수 있도록 도와주세요.

재료: 도화지, 색칠도구, 온라인 검색용 기기(선택사항)

1. 아이에게 선원이 무엇을 하는 사람인지, 어떤 직업인지 설명하면서 함께 배의 지도를 그릴 것이라고 이야기합니다.

2. 온라인에서 '배 지도' 또는 '우주선 지도'를 검색해서 어떤 이미지인지 같이 보면서 우리가 할 작업의 영감을 얻습니다. 아이에게 배의 구조를 직접 조감도(새의 시선으로 본 것과 같이 위에서 아래로 내려본 시야)로 그려보라고 합니다. 각 방에는 의무실, 식당, 선장실, 조종실과 같이 라벨을 붙이도록 도와주세요

3. 아이가 배 지도에 선원들도 그릴 수 있도록 해 주세요. 선원은 아이의 가족과 친구처럼 실존인물일 수도 있고, 아이의 상상속 환상의 친구일 수도 있습니다. 그러나 주변 인물 모두를 넣을 필요는 없고, 아이의 항해에 도움이 되는 인물을 골라서 넣도록 해 주세요. 간단한 막대형태로 사람을 그릴 수도 있고, 동그라미나 별 같은 도형으로 사람을 나타낼 수도 있고, 아이가 원하는 창의적인 방법으로 사람을 표현할 수도 있습니다. 선원들은 배의 어디에 있을까요? 이 사람들의 직업은 얼마나 중요할까요?

4. 선원동료들이 누구인지, 공간이 어떤 곳인지 글로 적거나 작은 라벨지를 붙여 적도록 해 주세요.

5. 배 지도를 아이를 도와주는 사람들에 대한 스토리텔링의 출발점으로 활용하세요.

TIP

목적을 가지고 긍정적인 태도를 취하는 것은 중요하지만, 불쾌한 감정과 상황을 무시하는 대가를 치르면서까지 긍정적인 태도를 취해서는 안 됩니다. 아이가 기분이 우울할 때 "그냥 긍정적으로 생각해봐"라고 말하고 싶은 충동이 생길 테지만, 단순하게 긍정을 강요하는 것은 피해 주세요.

다음과 같이 질문할 수 있습니다.

- 배 지도에 대해 궁금해. 어떤 이야기가 있어?
- 선원들이 어떤 사람이지, 어떤 역할을 하는 사람인지 궁금해. 좀 더 자세히 말해줄 수 있어? 어떤 사람을 너를 도와줄 선원으로 뽑을지 어떻게 결정했어?
- 일상 생활에서 겪었던 속상한 감정을 언제 겪었는지 설명해 달라고 해 주세요. 어떤 사람들이 도와주었고 어떤 행복한 결말이 있었는지 물어 보세요. "속상한 일 같네. 그때 누가 도와줬어?" 또는 "무섭지 않았어? 괜찮았어?"

움직여 주세요 Stand Up

소요시간 20분

우리 모두는 어딘가에 속하고 함께 하기를 원하지만, 동시에 다른 사람들과 차별화되길 원합니다. 이것은 참 복잡한 감정과 생각의 결과죠. 소속감에 대한 욕구는 안정감의 욕구로 이어지는데, 여기에서는 다른 사람들이 나를 지켜보고 있다는 감각이 포함됩니다. 한편, 독특함에 대한 욕구는 다른 사람과 나의 다름을 인정하고, 자아 가치감, 자존감 및 자기 신뢰감을 발전시키는 데 도움이 됩니다. 그러나 때론 안타깝게도, 사람들을 특별하게 만드는 '다름'이 괴롭힘이나 차별의 대상이 되기도 합니다. 통일감과 다름을 동시에 포용하는 것이 가능할까요? 가능합니다. 그러나 연습이 필요합니다.

잠시 후, 우리 아이는 인기 드라마 워밍업 게임을 통해 자신이 좋아하는 것과 다른 사람들이 좋아하는 것을 비교하게 될 것입니다. 아이들은 자신에 대한 모든 종류의 것들, 피자를 얼마나 좋아하는지부터 남들보다 돋보이는 것을 얼마나 즐기는지까지에 대해 생각해보게 될 것입니다. 실제 삶과 마찬가지로, 어떤 의견은 쉽게 공유할 수 있지만 어떤 의견은 용기가 필요할 것입니다. 아이가 놀이를 하는 동안 자신이 누구인지에 대해 느끼는 감정을 알아차리도록 도와주세요.

재료: 움직일 수 있는 실내 또는 실외 공간

1. 가능하면 아이와 친구 또는 가족들을 불러 서로 마주보고 앉도록 합니다.
2. 지금부터 누군가에게는 사실일 수 있고, 누군가에게는 사실이 아닐 수 있는 문

장을 이야기할 것이라고 설명합니다. 설명하는 문장이 자신에게 사실이라고 느껴지는 만큼 일어나는 게임입니다.

3. "김밥을 좋아한다면, 두 팔을 높이 뻗고 발끝으로 서 있을거야. 김밥을 싫어한다면 최대한 바닥에 몸을 낮출거야. 낮은 자세와 높은 자세 사이 어디든 몸을 움직일 수 있어."와 같은 예시를 줍니다.
4. 아이와 다른 참여자들에게 다른 사람의 반응이 비슷하거나 완전히 반대일 수 있다는 점을 강조해 주세요. 그리고 어떤 반응이던 솔직하다면 다 좋은 반응이라고 이야기해 주세요.
5. "나는 히어로 영화를 좋아해" 또는 "시금치 나물 맛있어"와 같은 간단한 문장으로 시작하세요.
6. 한 명의 설명이 끝나면, 동시에 해당 설명에 대한 개인적인 감정에 따라 위치를 바꿉니다.
7. 더 복잡한 주제로 진행합니다. "자전거를 타는 것은 나에게 어려워" 또는 "나는 놀 때 사람들이 많은 것을 좋아해."
8. 말없이 몸으로만 활동할 필요는 없습니다. 필요에 따라 아이가 해당 문장을 얼마나 사실이라고 느끼는지 대답도 함께 하며 움직일 수 있습니다.

TIP

여러 명의 어린이가 놀이를 할 때, "진짜 오이를 좋아해? 말도 안돼"와 같은 놀란 멘트를 할 수 있습니다. 이것은 부정적인 판단을 암시하는 것이라고 설명해 주세요. 아이들에게 어떤 의미로 말한 것인지 명확히 설명해 달라고 합니다. "너는 지금 놀란 거야, 아니면 이상하다고 표현한 거야?"

다음과 같이 질문할 수 있습니다.

- 이 활동은 너에게 어땠어?
- [활동 중 나온 문장 중 하나]에 대한 너의 의견을 좀 더 얘기해 줄 수 있어?
- 다른 사람과 의견이 비슷하기도 했고 다르기도 했는데, 그땐 어땠어? 비슷한 점이 좋았어, 아니면 싫었어? 이 둘은 느낌이 어떻게 달랐어?
- 다른 사람들이 다른 의견을 보여주니까 따라서 답을 바꾸고 싶다고 느낀 적이 있어? 다른 사람들의 의견에 영향을 받는 것이 좋았던 때도 있었고, 싫었던 때도 있었을 것 같아. 이게 언제인지 생각해볼 수 있어?

추가 자료

아이에게 더 많은 활동을 제공하기 위해 참고할 수 있는 도서 및 웹사이트를 소개합니다.

도서

Caughey, Samara. *Drawing Workshop for Kids: Process Art Experiences for Building Creativity and Confidence.* Beverly, Mass.: Quarry Books, 2021.
Curtis, Erica, and Ping Ho. *The Innovative Parent: Raising Connected, Happy, Successful Kids Through Art.* Athens, Ohio: Ohio University Press/Swallow Press, 2019.

웹사이트

Arts and Crafts
ArtfulParent.com Origami-fun.com

참고할 프로그램

Facebook.com/CrayolaEducation/ UCLArtsAndHealing.org

더 많은 미술치료 정보

Art Therapy.org
Research-Backed Positive Parenting
GreaterGood.Berkeley.edu/parenting_family

참고문헌

Algoe, Sara B., and Jonathan Haidt. "Witnessing Excellence in Action: The 'Other-praising' Emotions of Elevation, Gratitude, and Admiration." *Journal of Positive Psychology* 4, no. 2 (2009): 105–27.

Amabile, Teresa M., and Steven J. Kramer. "The Power of Small Wins." *Harvard Business Review*, May 2011. hbr.org/2011/08/the-power-of-small-wins-in-tim (accessed February 26, 2022).

Arain, Mariam, Maliha Haque, Lina Johal, Puja Mathur, et al. "Maturation of the Adolescent Brain." *Neuropsychiatric Disease and Treatment* 9 (April 2013): 449–61.

Ault, Alicia. "Ask Smithsonian: How Do Colors Affect Our Moods?" *Smithsonian Magazine*, December 2015. smithsonianmag.com/smithsonian-institution/ask-smithsonian-how-do-colors-affect-our-moods-180957504 (accessed February 26, 2022).

Buchanan, Kathryn E., and Anat Bardi. "Acts of Kindness and Acts of Novelty Affect Life Satisfaction." *Journal of Social Psychology* 150, no. 3 (August 2010): 235–37.

Donald, James, Paul Atkins, Philip Parker, Alison Christie, et al. "Daily Stress and the Benefits of Mindfulness: Examining the Daily and Longitudinal Relations Between Present-Moment Awareness and Stress Responses." *Journal of Research in Person- ality* 65 (December 2016): 30–37.

Fick, Steven, and Elizabeth Shilts. "This Is Your Brain on Music." *Canadian Geographic*, January 2, 2006.

Fredrickson, Barbara L., Michael A. Cohn, Kimberly A. Coffey, and Jolynn Pek. "Open Hearts Build Lives: Positive Emotions, Induced Through Loving-kindness Medita- tion, Build Consequential Personal Resources." *Journal of Personality and Social Psychology* 95, no. 5 (November 2008): 1045–62.

Genschow, Oliver, Sophie Klomfar, Ine d'Haene, and Marcel Brass. "Mimicking and Anticipating Others' Actions Is Linked to Social Information Processing." *PLoS ONE* 13, no. 3 (March 2018).

Hamilton, Jon. "Your Brain's Got Rhythm, and Syncs When You Think." *NPR All Things Considered*, June 2014. npr.org/sections/health-shots/2014/06/17/322915700/your-brains-got-rhythm-and-syncs-when-you-think (accessed February 26, 2022).

Hölzel, Britta K., James Carmody, Mark Vangel, Christina Congleton, et al. "Mindfulness Practice Leads to Increases in Regional Brain Gray Matter Density." *Psychiatry Research* 191, no. 1 (January 2011): 36–43.

Juslin, Patrik N., and Daniel Västfjäll. "Emotional Responses to Music: The Need to Consider Underlying Mechanisms." *Behavioral and Brain Sciences* 31 (2008): 559–621.

Kaimal, Girija, Kendra Ray, and Juan Muniz. "Reduction of Cortisol Levels and Participants' Responses Following Art Making." *Arts Therapy* 33, no. 2 (April 2016): 74–80.

Karageorghis, Costas. *Applying Music in Exercise and Sport.* Champaign, Ill.: Human Kinetics, 2016.

Koehne, Svenja, Alexander Hatri, John T. Cacioppo, and Isabel Dziobek. "Perceived Interpersonal Synchrony Increases Empathy: Insights from Autism Spectrum Disorder." *Cognition* 146 (January 2016): 8–15.

Korn, Randi. *Educational Research: The Art of Problem Solving*. New York: Solomon R. Guggenheim Museum Visitor Studies, Evaluation & Audience Research, 2010.

Land, George. "The Failure of Success." TEDxTucson. October 29, 2013, 13:37. youtu.be/EtCD4aEHr4A.

Laybourne, Kit. *The Animation Book: A Complete Guide to Animated Filmmaking—from Flip-Books to Sound Cartoons to 3-D Animation*. New York: Three Rivers Press, 1998.

Levine, Peter. *Waking the Tiger: Healing Trauma*. Berkeley, Calif.: North Atlantic Books, 1997.

Levitin, D. J., Jessica A. Grahn, and Justin London. "The Psychology of Music: Rhythm and Movement." *Annual Review of Psychology* 69 (January 2018): 51–75.

Lisitsa, Ellie. "The Sound Relationship House: The Positive Perspective." The Gottman Institute. gottman.com/blog/the-sound-relationship-house-the-positive-perspective (accessed February 26, 2022).

Little, Helen, and Shirley Wyver. "Outdoor Play: Does Avoiding the Risks Reduce the

Benefits?" *Australasian Journal of Early Childhood* 33, no. 2 (June 2008): 33–40.

Logeswaran, Nidhya, and Joydeep Bhattacharya. "Crossmodal Transfer of Emotion by Music." *Neuroscience Letters* 455, no. 2 (May 2009): 129–33.

Mandal, Fatik Baran. "Nonverbal Communication in Humans." *Human Behavior in the Social Environment* 24, no. 4 (April 2014): 417–21.

Mirams, Laura, Ellen Poliakoff, Richard J. Brown, and Donna M. Lloyd. "Brief Body-Scan Meditation Practice Improves Somatosensory Perceptual Decision Making." *Consciousness and Cognition* 22, no. 1 (March 2013): 348–59.

Murcia, Cynthia Q., Gunter Kreutz, Stephen Clift, and Stephan Bongard. "Shall We Dance: An Exploration of the Perceived Benefits of Dancing on Well-being." *Arts & Health: An International Journal for Research, Policy and Practice* 2, no. 2 (August 2010): 149–63.

Reddan, Marianne Cumella, Tor Dessart Wager, and Daniela Schiller. "Attenuating Neural Threat Expression with Imagination." *Neuron* 100, no. 4 (2018): 994.

Sabey, Christian V., Cade Charlton, and Shawn R. Charlton. "The 'Magic' Positive- to-Negative Interaction Ratio: Benefits, Applications, Cautions, and Recommendations." *Journal of Emotional and Behavioral Disorders* 27, no. 3 (March 2018): 154–64.

Salimpoor, Valorie, Mitchel Benovoy, Kevin Larcher, Alain Dagher, et al. "Anatomically Distinct Dopamine Release During Anticipation and Experience of Peak Emotion to Music." *Nature Neuroscience* 14 (January 2011): 257–62.

Sänger, Johanna, Viktor Müller, and Ulman Lindenberger. "Intra- and Interbrain Synchronization and Network Properties When Playing Guitar in Duets." *Frontiers in Human Neuroscience* 29 (November 2012).

Schultchen, Dana, Matthias Messner, Alexander Karabatsiakis, Christine Schillings, et al. "Effects of an 8-Week Body Scan Intervention on Individually Perceived Psychological Stress and Related Steroid Hormones in Hair." *Mindfulness* 10 (September 2019): 2532–43.

Scott, Veronica, Marine Verhess, Rudi De Raedt, Patricia Bijttebier, et al. "Gratitude: A Resilience Factor for More Securely Attached Children." *Journal of Child and Family Studies* 30 (November 2020): 416–30.

Stephens, Greg J., Lauren J. Silbert, and Uri Hasson. "Speaker-Listener Neural Coupling Underlies Successful Communication." *Proceedings of the National Academy of*

Sciences USA 107, no. 32 (August 2010): 14425–30.

Steptoe, Andrew, and Daisy Fancourt. "Leading a Meaningful Life at Older Ages and Its Relationship with Social Engagement, Prosperity, Health, Biology, and Time Use." *Proceedings of the National Academy of Sciences* 116, no. 4 (January 2019): 1207–12.

Sumantry, David, and Kathleen E. Stewart. "Meditation, Mindfulness, and Attention: A Meta-analysis." *Mindfulness* 12 (February 2021): 1332–49.

Thaut, Michael, David Peterson, and Gerald McIntosh. "Temporal Entrainment of Cognitive Functions: Musical Mnemonics Induce Brain Plasticity and Oscillatory Synchrony in Neural Networks Underlying Memory." *Annals of the New York Academy of Sciences* 1060, no. 1 (April 2006): 243–54.

Toussaint, Loren, Quang Anh Nguyen, Claire Roettger, Kiara Dixon, et al. "Effectiveness of Progressive Relaxation, Deep Breathing, and Guided Imagery in Promoting Psychological and Physiological States of Relaxation." *Evidence-Based Complemen- tary and Alternative Medicine*, July 2021.

University of Colorado at Boulder. "Your Brain on Imagination: It's a Lot Like Reality, Study Shows." *ScienceDaily*, December 2018. sciencedaily.com/releases/2018/12 /181210144943.htm (accessed February 26, 2022).

Vaish, Amrisha, Tobias Grossmann, and Amanda Woodward. "Not All Emotions Are Created Equal: The Negativity Bias in Social-Emotional Development." *Psychologi- cal Bulletin* 134, no. 3 (2008): 383–403.

van Baaren, Rick B., Rob W. Holland, and Kerry Kawakami. "Mimicry and Prosocial Behavior." *Psychological Science* 15, no. 1 (January 2004): 71–74.

van der Vennet, Renee, and Susan Serice. "Can Coloring Mandalas Reduce Anxiety? A Replication Study." *Journal of the American Art Therapy Association* 29, no. 2 (2012): 87–92.

White, Mathew P., Ian Alcock, James Grellier, Benedict W. Wheeler, et al. "Spending at Least 120 Minutes a Week in Nature Is Associated with Good Health and Well-being." *Scientific Reports* 9, no. 7730 (June 2019).

Witvliet, Charlotte vanOyen, Fallon J. Richie, Lindsey M. Root Luna, and Daryl Van Tongeren. "Gratitude Predicts Hope and Happiness: A Two-Study Assessment of Traits and States." *Journal of Positive Psychology* 14, no. 3 (January 2018): 271–82.

Wong, Y. Joel, Jesse Owen, Nicole T. Gabana, Joshua W. Brown, et al. "Does Gratitude

Writing Improve the Mental Health of Psychotherapy Clients? Evidence from a Randomized Controlled Trial." *Psychotherapy Research* 28, no. 2 (May 2016): 192–202.

Wu, Ran, Lin-Lin Liu, Hong Zhu, Wen-Jun Su, et al. "Brief Mindfulness Meditation Improves Emotion Processing." *Frontiers in Neuroscience*, October 2019. frontiersin.org/articles/10.3389/fnins.2019.01074/full (accessed February 26, 2022).

Zak, Paul J. "How Stories Change the Brain." *Greater Good Magazine*, December 2013. greatergood.berkeley.edu/article/item/how_stories_change_brain (accessed February 26, 2022).

Zosh, Jennifer, Emily J. Hopkins, Hanne Jensen, Claire Liu, et al. "Learning Through Play: A Review of the Evidence." *The Lego Foundation White Paper*, November 2017. akcesedukacja.pl/images/dokumenty-pdf/Insight_and_Research/LEGO-Foundation ---Neuroscience-and-learning-through-play-2017.pdf (accessed February 26, 2022).

찾아보기

ㄱ

감사 32, 33, 66, 76, 79, 146, 147
감정 3, 8, 9, 10, 15, 16, 17, 18, 19, 20, 22, 26, 27, 32, 33, 37, 38, 40, 44, 46, 50, 51, 52, 53, 55, 56, 57, 60, 61, 70, 73, 74, 75, 78, 79, 81, 83, 84, 85, 87, 92, 106, 107, 112, 116, 117, 118, 121, 127, 132, 133, 136, 137, 138, 139, 140, 141, 146, 148, 149, 158, 161, 164, 165, 166, 167, 169, 170, 174, 175, 178, 184, 185, 189, 191, 192, 193
건강 22, 30, 47, 54, 55, 66, 89, 146, 177
공감 8, 15, 132, 155, 170

ㄴ

난화 16, 17, 18

ㄷ

동기 28, 60, 103, 150, 158, 161
동기화 150, 155
두뇌 17, 42, 43, 91, 130, 150, 161

ㅁ

마음챙김 44, 45, 46
미러링 24, 155, 156
미술치료 1, 3, 7, 8, 9, 11, 15, 22, 24, 106, 195, 204

ㅂ

부정적 편향 189

ㅅ

상상 37, 39, 45, 58, 90, 110, 118, 126, 131, 161, 162, 163, 181, 190
상상력 29, 60, 114, 126, 130, 153, 166, 180, 184
스트레스 15, 16, 26, 30, 34, 39, 45, 69, 91, 118, 120, 128, 130, 152

ㅇ

완화 10, 16, 53

ㅈ

자신감 17, 28, 56, 58, 59, 66, 91, 127, 138, 158, 186

ㅊ

창의력 58, 95, 115, 116, 182
춤 127, 128, 129, 130, 131, 134, 135, 160
친절 54, 55, 124, 135
친절함 58, 59, 180

ㅎ

행복 32, 47, 51, 55, 66, 75, 76, 81, 89, 150, 158, 188

감사의 글

아이들을 키울 때 온 마을이 힘을 합쳐야 한다는 말처럼, 글 하나를 쓸 때에도 많은 분들의 도움이 필요합니다. 우리 아이들 Corbyn(12살), Islal(9살), Darian(6살)이 어린이의 관점에서 이 책을 집필하는 데 많은 도움을 주었습니다. 이 책의 출판사 Rockridge Press의 Andrea Leptinsky, Acacia Keith에게도 진심으로 감사의 말씀을 드립니다. 항상 인사이트가 있는 피드백을 주시고 응원해 주셔서 이 책을 마무리할 수 있었습니다. Ping Ho, 그리고 UCLArts & Healing 교수님들, 이 책을 위한 여러 가르침과 영감을 주셔서 감사합니다.

ERICA CURTIS(LMFT, ATR-BC)

부부 & 가족 전문상담사이자 Southern California에서 수련받은 공인미술치료사이다. 수상경력이 있는 저자이자, 국제적으로 활동하는 강연가이자 내담자의 더 나은 삶을 위해 창조적 방식으로 접근하는 상담사이다. 100여 개 이상의 매체에 보도된 바 있는 세 아이의 엄마이다.
TherapyWithErica.com.

역자 소개

김소울

홍익대학교에서 미술을 전공하고 가천의과학대학교에서 미술치료 석사학위를 받았다. 미국 플로리다주립대학교에서 한국인 최초로 미국미술치료학 박사학위를 취득했고, 현재는 국민대학교 디자인대학원에서 미술치료 전공 겸임교수로 재직 중이다. 평소 사람이 살아가는 데 있어서 가장 중요한 것은 마음임을 강조해 왔다. 같은 상황에서도 다른 감정과 행동을 선택하도록 하는 것, 그것이 마음의 역할이기 때문이다. 그간 출간한 저서에서도『아이마음을 보는 아이그림』『마음챙김 미술관』『오늘도 행복하기 위해 그림을 본다』『미술이 어떻게 마음을 다루는가』『그림으로 그리는 마음일기장』등 마음과 미술을 접목시킨 주제를 주로 다뤄왔다. 플로리다마음연구소를 운영하고 있으며, 심리미술 강연을 통해 많은 사람들에게 그림의 치유하는 힘을 알리고 있다.

soulkim@floridamaum.com

김유미

미국 School of Visual Arts에서 애니메이션을 전공하고, UCLA에서 Film and Television 석사학위를 받았다. 귀국 후에는 심리학과 미술치료를 공부하며 예술이 가지는 치료적 힘에 관심을 가지게 됐다. 이후 이화여자대학교에서 미술치료교육 석사학위를 취득하고 동대학원에서 융합미술치료학 박사과정을 수료했다. 임상현장에서는 생활문제 해결에 필요한 태도와 자기 관리 능력을 키우고자 자기표출이 어려운 내담자에게 도구적 사용의 유용성을 가르치고 있다. 2023년에는 SSCI 학술지에 주 저자로 논문을 게재하였고, 현재 심리치료를 통해 개인이 자신을 깊이 이해하고 마음의 회복을 이룰 수 있도록 디지털을 접목한 미술치료 연구를 하고 있다.

raspnut@gmail.com

아동을 위한 미술치료 활동

2024년 1월 10일 1판 1쇄 인쇄
2024년 1월 15일 1판 1쇄 발행

저　자: ERICA CURTIS(LMFT, ATR-BC)
공역자: 김소울 김유미
발행인: 한정주
발행처: **교육과학사**

경기도 파주시 광인사길 71
전화:(031) 955-6956~8　팩스:(031) 955-6037
Home-page: www.kyoyookbook.co.kr / E-mail: kyoyook@chol.com
등록: 1970년 5월 18일 제2-73호

정가 17,000원

ISBN 978-89-254-1838-4

Printed in Korea.

역자와의 협의하에 인지를 생략합니다.